MAJA JEFFKI

PRAKTISCHE PSYCHOLOGIE VOOR VROUWEN

Tweede druk

UITGEVERIJ ANKH-HERMES BV
DEVENTER

Eerste druk 2000

Tweede druk 2000

CIP-gegevens
ISBN: 90 202 01255
NUGI: 711
Trefwoord: psychologie /vrouwen

Inhoud

Dankbetuiging

Het leven is als een dans. Zielen raken elkaar, dansen met elkaar. Soms wat langer, soms maar vluchtig. Geen enkele ontmoeting is toeval. Eenieder die ooit mijn levenspad heeft gekruist ben ik dankbaar. Je hebt bijgedragen aan mijn innerlijke groei en aan de inhoud van dit boek. Je bent belangrijk. Ik heb je lief.

Voorwoord

Waarom een boek *Praktische psychologie voor vrouwen*?

Het begon allemaal ongeveer twintig jaar geleden vanuit mijn eigen zoektocht naar meer innerlijke rust en antwoorden op levensvragen. Als je toen naar de uiterlijkheden van mijn leven keek zag alles er perfect uit. Ik had een prachtige baan, een mooi huis, een goede relatie, zag er mooi uit en alles ging mij voor de wind. Toch, als je diep in mijn hart keek, was er altijd iets dat een beetje knaagde. Een gevoel van: 'als dit het is ... er moet méér uit het leven te halen zijn', maar ik wist niet hoe.

Als ik met vriendinnen sprak was er veel herkenning. We konden uren praten over onze emoties en de vragen die ons bezighielden. De herkenning luchtte wel op, maar ik wilde méér. Ik ging op zoek naar antwoorden op onze brandende levensvragen en volgde de ene opleiding na de andere. Ik ging naar de universiteit, en volgde daarnaast vele cursussen op het gebied van persoonlijke groei. Ik deed heel veel kennis op. In deze cursussen werden handreikingen en tips gegeven om je gelukkiger en evenwichtiger te voelen. Als een aanbeveling me aansprak, dan probeerde ik die uit. De vragen werden langzaam maar zeker beantwoord. Mijn innerlijke rust nam toe en ik begon steeds meer te stralen. Vriendinnen vroegen mij hoe het kwam dat het zo goed ging en ik vertelde hun mijn geheimen. Inmiddels zijn deze 'geheimen' door honderden vrouwen met heel veel plezier uitgeprobeerd, en ze

werken! Door het hele land geef ik trainingen in Praktische Psychologie. Dit boek is hiervan een samenvatting. Het staat boordevol handige tips en handreikingen om je gelukkiger te voelen en om meer begrip te krijgen voor jezelf en anderen. Met andere woorden, het geeft je steun om je mentaal en emotioneel fitter te voelen. Door het toepassen van de aanbevelingen zul je merken dat je zelfvertrouwen groeit. Je communicatie met anderen wordt duidelijker, alles in je leven wordt prettiger.
Mannen nodig ik ook uit om het boek te lezen. Het is echter geschreven vanuit het gezichtspunt van vrouwen. De onderwerpen die worden besproken houden vrouwen meestal meer bezig dan mannen.

Je kunt je leven in eigen handen nemen! Vanaf vandaag kun je beginnen met je gelukkiger te voelen. Je hoeft er zelfs niet in te geloven. Gewoon doen, en je zult zelf ervaren dat het werkt!

Vanuit het diepste van mijn hart wens ik je alle moois van de wereld.

Inleiding

Waar je je op dit moment van je levenspad ook bevindt, hoe jong of oud je ook bent, het doet er niet toe. Vanaf nu kun jij je leven een nieuwe wending geven. Een leven creëren zoals jij het wenst. Het kost niet eens zoveel tijd of inspanning.
De oefeningen en tips die in dit boek beschreven worden zijn gemakkelijk en voor iedereen toepasbaar. En ze werken!
Je hoeft er niet in te geloven, ze alleen maar te doen. Zes weken zijn voldoende om je energieker en gelukkiger te voelen. De tips zijn zo simpel dat het bijna een wonder lijkt dat ze je leven zo snel kunnen veranderen. Pas ze toe vanuit ontspanning en plezier. Het gaat niet alleen om het eindresultaat maar ook om de weg ernaartoe. Elke keer dat je een succes boekt zul je steeds sterker worden en zal de glimlach in je hart groter zijn.

Als rode draad door het hele boek vind je het belang van onze gedachten en houding in het leven en hoe je die kunt veranderen. De ene oefening zal je meer aanspreken dan de andere. Ik raad je aan om het boek eerst een keer helemaal te lezen. Daarna kun je die paragrafen erop naslaan die op jouw leven van toepassing zijn. Achterin het boek vind je een lijst met affirmaties die door honderden vrouwen met veel plezier worden gebruikt. Het laatste hoofdstuk is een korte samenvatting, een opfrisser, zodat het regelmatig toepassen van de oefeningen in het dagelijks leven vanzelfsprekend wordt. Soms is het prettig om de oefeningen samen met anderen te doen. Laat een vriendin of je partner het boek lezen zodat je elkaar kunt steunen. Het maakt het gemakkelijker en ook veel gezelliger.

Geloof in jezelf

De wijze waarop wij in de wereld staan en onszelf waarnemen wordt voor een groot deel bepaald door dat wat wij heel vaak over onszelf hebben gehoord. De manier waarop anderen met ons omgingen namen wij als iets vanzelfsprekends aan. Als kind kon je ook niet anders. Wat je hoorde over jezelf en de manier waarop anderen met je omgingen aanvaardde je als de waarheid. Je onderbewuste nam het in zich op en uiteindelijk ging je je er vervolgens ook naar gedragen. Misschien klinkt dit allemaal wel een beetje fatalistisch maar dat is zeker niet de bedoeling. Het geeft juist ook hoop! Dit betekent dat het dus ook mogelijk is om jezelf andere, nieuwe denkwijzen aan te leren die veel beter bij jou passen en prettiger zijn. Positiever over jezelf denken en je anders gedragen lokt vanzelf nieuwe reacties uit vanuit je omgeving.

Je kunt diegene worden die je van nature bent! Hoe? Door je gedachten over jezelf en de wereld om je heen héél bewust te veranderen. Ja, zo simpel is het. Als jij altijd maar denkt: dat kan ik niet, om maar een voorbeeld te geven, dan zul je het ook niet kunnen. Je gedachten en verwachtingen worden uiteindelijk waarheid. Je gedraagt je alsof je het niet kunt, en dit roept natuurlijk weer gedrag op bij anderen. Zo ontstaan vaak heel negatieve spiralen waar wij moeilijk uit kunnen ontsnappen.

Als je bewust je gedachte verandert in: ik kan alles wat ik wil, dan zal dit waarheid worden. Natuurlijk kun jij alles wat je wilt! Geloof in jezelf!

De kracht van woorden en gedachten

Alles om ons heen bestaat uit energie. Ik herinner me de natuurkundelessen op de middelbare school waarin uitgelegd werd dat zelfs hout, van bijvoorbeeld een tafel, beweegt doordat het bestaat uit moleculen en atomen die elkaar aan- en afstoten en daardoor bewegen. Als je naar een tafel kijkt of die aanraakt is het moeilijk om te geloven dat zij slechts uit energie bestaat.

Hoe vreemd het misschien ook klinkt, zo is het ook met onze gedachten en de woorden die wij uitspreken. Ze zijn energie en energie trekt energie aan of stoot deze af. Positieve woorden trekken positiviteit naar ons toe en negatieve woorden en gedachten trekken negativiteit aan. Dat wat je vaak genoeg denkt of verwacht wordt uiteindelijk waarheid. De gedachten en verwachtingen die je hebt over jezelf, het leven, of mensen in het algemeen bepalen de wijze waarop je in het leven staat. Ook beïnvloeden je gedachten en verwachtingen dat wat jij terugontvangt van het leven.

Eigenlijk is het leven dus een spel van het uitzenden van energie in de vorm van gedachten en gedragingen en het terugontvangen van dat wat je uitzendt.

Met name vrouwen hebben de neiging om vaak negatief te zijn over zichzelf. Wij stellen hoge eisen aan onszelf. Dit gaat onopgemerkt en is bijna vanzelfsprekend. Wij zien juist die dingen die wij graag willen veranderen in plaats van onze focus te richten op datgene waar wij tevreden over zijn. Mannen zijn in het algemeen anders. Vraag aan een man: 'Ben je tevreden met jezelf?' dan krijg je meestal als antwoord eerst: 'Ja.' Daarna komt misschien een opmerking in de trant van 'er zouden wat kilo's af kunnen' of 'ik zou meer moeten sporten', maar in het algemeen zijn mannen tevreden met zichzelf. Wij vrouwen zijn wat dat betreft anders. Vraag je aan een vrouw of ze blij is met haar uiterlijk of haar leven, dan krijg je meestal een opsomming van alles wat niet helemaal naar wens is, en veranderd zou moeten worden.

Je gedachten over jezelf en de woorden die je uitspreekt, zijn heel belangrijk. Ze zijn energie en bepalen uiteindelijk de respons die je van het leven krijgt. Als jij jezelf onzeker voelt, of verwacht dat mensen je saai vinden, dan straal je dat uit en zullen mensen je vervolgens ook zo benaderen.
De eerste stap om je fitter en gelukkiger te voelen is om te beseffen dat het zéér belangrijk is dat je je gedachten over jezelf permanent bewaakt en ervoor zorgt dat je positief bent tegen jezelf. Zie jezelf als een jong plantje dat je laat groeien door het te voeden en te besprenkelen met gedachten die positief zijn. Eigenlijk zou ik willen zeggen: met gedachten die niet alleen positief zijn maar ook zéér liefdevol. Alleen, ik weet dat dat voor de meeste vrouwen nu nog te veel gevraagd is. Begin te letten op je gedachten en hoe je praat tegen jezelf en anderen. Ben je negatief? Hoe zijn je verwachtingen? Hoe praat je tegen vrienden? Hoe ben je in het algemeen?

Wees de komende tijd alert op je gedachten en

maak er in de loop van een dag notities van. Het is niet de bedoeling jezelf gelijk te bestraffen als je ontdekt dat je niet zo aardig bent tegen jezelf. Alleen al een constatering van hoe je gedachten zijn is een goed begin!
De volgende stap is om zeer bewust je gedachten die niet zo positief zijn om te zetten in gedachten die vriendelijker zijn. Dit kost in het begin oplettendheid en kan wat onecht lijken, maar het went snel.
Ik zal je een voorbeeld geven. Als je in de stad aan het winkelen bent en je loopt langs de etalages en ziet je weerspiegeling in de etalageruiten, wat denk je dan? Wat zie je? Zie je je prachtige glimlach of zie je van alles dat per direct veranderd en afgekeurd wordt? Probeer vanaf nu te letten op die dingen aan jezelf waar je wel blij mee bent. Verleg je focus naar het positieve! Werkelijk, dit is het begin van een nieuw leven, hoe onwennig het misschien ook lijkt.
Wij willen allemaal graag aandacht, waardering en liefde van onze omgeving ontvangen, maar het is onmogelijk dat van anderen te krijgen als je het jezelf niet kunt geven. Begin vanaf vandaag jezelf liefde en aandacht te geven. Zie het positieve in jezelf, dan zullen anderen dat ook doen!

Schrijf een lijst van minstens vijftien dingen over jezelf op waar je blij mee bent. Dat kunnen uiterlijke eigenschappen zijn zoals bijvoorbeeld mooie ogen, of dingen waar je goed in bent of leuk vindt om te doen, zoals koken, een hobby of voor de kinderen zorgen. Je hoeft het helemaal niet ver van huis te zoeken.
Maak je lijst zo lang mogelijk. Als je weinig kunt bedenken vraag dan aan vrienden en geliefden wat

ze allemaal positief en prettig aan je vinden. Je zult versteld staan van hun antwoorden!
Schaam je niet om het te vragen. Anderen vinden het geven van complimenten juist heel fijn. Je geeft ze nu een kans om dat ook te doen. Geniet ervan. Hang je lijst ergens op waar je haar vaak kunt lezen. Laat die je steun zijn.

• Wees alert op je gedachten en noteer hoe ze zijn in de loop van een dag.

Affirmaties

Wat is precies een affirmatie?
Een affirmatie, in het bedrijfsleven ook wel heretikettering genoemd, is een ondersteunende gedachte. Eigenlijk is het een positief peppraatje dat je zeer regelmatig met jezelf houdt. Het is een positieve zin, in de tegenwoordige tijd, die je herhaaldelijk tegen jezelf zegt. Je zegt deze positieve zin in gedachten of hardop net zolang totdat je erin gelooft. Met het zeggen van een affirmatie word je als het ware je eigen cheerleader.
Bij affirmaties gaat het erom dat je in gedachten juist datgene bewust benadrukt wat je voor jezelf wenst en wat je bij jezelf vindt passen. Vergeet niet dat dat wat je vaak genoeg denkt of verwacht waarheid wordt!

Vermijd het woord 'niet' in een affirmatie. Zeg dus niet: 'Ik ben niet verlegen', maar zeg liever: 'Ik voel me zelfverzekerd', of: 'Ik ben goed precies zoals ik ben.'
Ook is het belangrijk om je affirmaties altijd in de tegenwoordige tijd te zeggen. Dus ook al heb je het gevoel dat je onzeker bent, affirmeer in de tegenwoordige tijd: 'Ik ben vol zelfvertrouwen!'
Hoe vaker je affirmeert des te sneller het werkt. Het voordeel is dat je het overal kunt doen, terwijl je in de rij bij de kassa staat, aan het stofzuigen bent, onder de douche, of in de auto. Als je pas met affirmeren begint raad ik je aan iets te kiezen dat voor jou niet te ver weg lijkt en redelijk snel te realiseren

valt. Je zou de affirmatie kunnen nemen: 'Ik ben liefde en waardering waard', of: 'Ik kies nu om gelukkig te zijn.' Speel met je affirmaties, schrijf ze op zodat je ze overal tegenkomt of vertel ze aan familieleden of vrienden, zodat ze je eraan kunnen herinneren als dat nodig is. Geniet er nu alvast van dat je affirmatie waarheid wordt.

Ik zal een voorbeeld geven van hoe affirmeren werkt. Laten we beginnen met iets tastbaars. Stel dat je jezelf niet zo mooi vindt. Je onderbewuste neemt dit als waarheid aan. Wat gebeurt er vervolgens? Je gaat je er ook naar kleden en gedragen. Je zoekt zelfs een kapper die je haar verknipt! En je kiest kleding die niet bepaald flatteus is. Vervolgens loop je erbij met een uitstraling van: kijk niet naar mij! Draai je dit om in de affirmatie: 'Ik ben een mooie vrouw en dat straal ik uit', dan ga je je ook zo voelen en gedragen. Je wordt mooi!

Schoonheid zit niet in uiterlijkheden maar is een uitstraling van binnen naar buiten, een weerspiegeling van hoe jij over jezelf denkt. Dat wat je uitstraalt komt naar je terug! Door juist herhaaldelijk tegen jezelf te zeggen dat je een mooie vrouw bent, programmeer je je onderbewuste. Je onderbewuste oordeelt niet. Het neemt de dingen die het vaak genoeg hoort als waar aan en je gaat je er vervolgens naar gedragen. Ineens kleed je je anders, je gaat anders lopen. Misschien ga je naar de schoonheidsspecialiste of begin je met sporten. Je zoekt een andere kapper. Je uitstraling wordt mooier. Mensen zien dit en gaan dan ineens zeggen: 'Wat zie jij er mooi uit!' Je wordt trots op jezelf, je straalt en de eerste negatieve spiraal is doorbroken.
Misschien vind je dit voorbeeld over schoonheid

duidelijk en gemakkelijk, maar denk je onmiddellijk dat dit niet geldt voor andere dingen. Toch kun je voor alles een affirmatie maken.
Als je vindt dat je niet goed voor jezelf op kunt komen affirmeer dan: 'Ik kom goed voor mezelf op en dat geeft mij kracht.' Je zult je ernaar gaan gedragen!

Affirmeren kun je overal en altijd. Het is een oefening om blij van te worden. Je kunt vanaf nu jezelf die gedachten geven die positief en opbouwend zijn. Het kost geen geld en ook geen tijd. Wat heb je te verliezen? Het is toch prettiger om tegen jezelf te zeggen dat je mooi bent dan dat je lelijk bent? Je hoeft er helemaal niet in te geloven! Gewoon doen en je zult merken dat het werkt.
Meestal denken wij dat onze gedachten en stemmingen ons overkomen. Voor een deel is dat ook zo, omdat wij niet beseffen dat wij zelf in staat zijn om onze gedachten en dus ons leven in een bepaalde richting te sturen.
Affirmaties zijn eigenlijk een self-fulfilling prophecy. Als je maar vaak genoeg tegen jezelf zegt dat je iets kunt, dan zul je daar uiteindelijk in geloven en het ook kunnen. Als je maar steeds bij jezelf benadrukt dat je weinig zelfvertrouwen hebt, dan zal je zelfvertrouwen afnemen. Als je verwacht dat mensen boos worden als je een keer 'nee' zegt, dan zullen ze ook kwaad worden.
Begin je vanaf vandaag met de affirmatie: 'Ik ben vol zelfvertrouwen', dan zal je onderbewuste dat als waarheid aannemen en zal je zelfvertrouwen groeien! Ik nodig je uit om een experiment aan te gaan. Maak een affirmatie voor jezelf en spreek deze gedurende ongeveer twee weken zo vaak als je kunt uit. Je kunt haar ook opschrijven. Maak er een

liedje van en zing je liedje de hele dag. Het werkt!

• Waar verlang je op dit moment in je leven het meest naar? Maak een lijst van die dingen die je graag veranderd zou willen zien. Wees royaal met je lijst en zie de oefening als een spel. Verzin nu een affirmatie die van toepassing is op een van de dingen die je in je leven wilt veranderen. Kies om te beginnen iets dat niet té moeilijk is voor je om te aanvaarden. Maak van deze affirmatie je doel voor de komende twee weken.

Als je geen passende affirmatie weet om mee te beginnen, kies er dan een uit de lijst van affirmaties die achterin het boek staan.

• Je bent geluk, rust, respect en liefde waard! Beloof jezelf vanaf vandaag om je leven een nieuwe wending te geven. Vanaf dit moment kun je beginnen met het creëren van een leven zoals jij het wenst. Ga ervoor! Schrijf je belofte aan jezelf op en lees die regelmatig. Het zal je steunen.

Een toverstokje

Met het affirmeren lijkt het erop alsof je een toverstokje in handen hebt. Als je maar lang genoeg affirmeert komt alles wat je wenst uit. Toch zijn er soms situaties waarin een affirmatie zorgvuldig gekozen dient te worden om te kunnen werken. Ik zal de belangrijkste nu noemen.

Ten eerste is het natuurlijk niet de bedoeling om emoties met een affirmatie als het ware 'weg te werken'. Stel dat je ontzettend kwaad bent op iemand. Dan kun je wel gaan affirmeren dat je rustig bent en misschien helpt dat ook wel tijdelijk. Als je rustig bent geworden is het belangrijk om vervolgens na te gaan waarom je kwaad bent en om uit te zoeken wat er is gebeurd. In het hoofdstuk 'omgaan met boosheid' kom ik hier uitgebreid op terug.

Ook zijn er situaties waarin een affirmatie gewoon té heftig is. Dan heb je er veel moeite mee om haar uit te spreken. Je beleeft er geen plezier aan. Stel bijvoorbeeld dat je jezelf heel erg dik vindt. Om dan meteen te affirmeren: 'Ik ben een prachtige slanke vrouw', geeft je het gevoel dat je jezelf niet serieus neemt. Dit brengt dan extra spanningen met zich mee. Maak in dit soort gevallen een stappenplan van affirmaties die je leiden naar je doel. Is je doel slank zijn, begin dan met: 'Ik kan alles wat ik wil.' Deze affirmatie zal je steunen als je van plan bent om een dieet te volgen. Of je kunt kiezen voor de affirmatie: 'Ik ben mooi en dat straal ik uit.' Vaak eten wij om emoties van onvrede niet te voelen. Zoek een zin uit die je aanspreekt en die je

graag tegen jezelf zegt. Langzaam maar zeker zul je je doel bereiken!
Een andere reden waarom een affirmatie niet werkt is dat zij de lading niet dekt. Soms is het moeilijk om er precies achter te komen waar je moeite mee hebt. Stel dat je meer zelfvertrouwen wilt hebben. Je kunt dan affirmeren: 'Ik ben vol zelfvertrouwen en daar geniet ik van.' Het zal uiteindelijk werken, maar het is belangrijk om voor jezelf helder te zijn. Wat versta jij precies onder zelfvertrouwen? Wanneer voel je je onzeker? In groepen? In je werk? Dan is het beter om te affirmeren: 'Ik voel me zeker van mezelf in groepen', of: 'Ik doe mijn werk goed en dat zien anderen.' Je affirmatie zal dan sneller werken omdat zij precies het tegengestelde is van dat waar je mee worstelt.

• Wat wil je in je leven veranderen dat een groot project is? Maak hiervoor een stappenplan zodat je het kunt overzien. Schrijf de stappen op en schrijf voor elke stap een passende affirmatie.

Slapen: het begin van een mooie dag

Hoe ga jij 's avonds slapen? Doodmoe of nog gespannen door wat je in de loop van de dag hebt meegemaakt? Maak je je zorgen om alles wat je morgen nog moet doen? Neem je je spanningen mee als je naar bed gaat?
Probeer voorbereid te gaan slapen zodat je optimaal kunt genieten van je nachtrust en dromen. De nacht is de tijd voor verwerking van dat wat je overdag hebt ervaren, en het is ook de tijd om je lichaam te reinigen en op te laden met energie voor de volgende dag. Als je het gevoel hebt niet helemaal lekker in je vel te zitten of je voelt je gespannen, dan raad ik je aan om kritisch te kijken naar de manier waarop je aan je nachtrust begint. Zit je 's avonds van vermoeidheid te zappen voor de tv? Probeer de cirkel van thuis komen, eten en dan voor de buis te gaan zitten te doorbreken. Ook al realiseer je het je niet, je hersenen registreren alles wat je ziet en hoort. Wees dus zeer kritisch met dat waar je bijvoorbeeld naar kijkt op de televisie.

Een cliënte van mij kon maar heel erg slecht in slaap komen. Ik raadde haar aan om de indeling van haar avonden te veranderen. In plaats van naar de tv en het journaal te kijken ging ze na het eten twintig minuten wandelen. Vervolgens was ze nog de rest van de avond bezig met dingen te doen waar ze vroeger niet aan toe kwam. Ze merkte dat ze daar veel voldoening van kreeg en met een tevreden gevoel naar bed ging en weer goed kon slapen.

Er is nog iets dat een goede nachtrust kan verstoren en dat is het drinken van gewone thee of koffie. Het is goed om te weten dat koffie, thee en chocolade energie geven. Je zou beter ter vervanging kruidenthee kunnen drinken. De televisie en computers kunnen veel afleiding geven, maar zorg voor afwisseling tussen inspanning en rust.
De meningen verschillen over hoeveel uur slaap wij per nacht nodig hebben. De meeste mensen hebben toch wel gemiddeld acht uur slaap nodig om verfrist aan de dag te beginnen. Dit zijn uren die ergens vandaan gehaald moeten worden. Dat betekent dat je misschien de indeling van je avonden zou moeten aanpassen. Je gelukkig voelen is een kwestie van op alle terreinen van je leven een evenwicht creëren zodat zowel je lichaam als je geest optimaal kan genieten van de dag!

• Maak een lijst van die dingen die je graag 's avonds wilt blijven doen, en van wat je enige tijd zou kunnen schrappen. Deze lijsten zullen je steunen om grip te krijgen op een gezonde nachtrust.
Yoga-oefeningen voordat je gaat slapen helpen soms ook om tot rust te komen. Of neem anders een heerlijk bad met lavendelolie. Wat je ook kiest, zorg dat je je ontspant voordat je naar bed gaat en je zult je de volgende dag als herboren voelen!

Affirmatie
'Ik laat alle belevingen van deze dag los, ik slaap heerlijk.'
'Ik geniet van mijn nachtrust, ik ben veilig.'
'Ik laat los, alles komt goed.'

Drie vingers

Nu we het toch over slapen hebben wil ik je graag een steuntje in de rug geven voor als je je nerveus voelt. Leg de toppen van je duim, je wijsvinger en je middelvinger van je rechterhand licht tegen elkaar aan alsof je een snippertje papier opgepakt hebt.

Zorg ervoor dat ze zo lang mogelijk in deze positie bij elkaar blijven terwijl je slaapt. Je kunt dit doen door deze vingers als het ware vast zetten onder je bovenbeen of onder je kussen. Waarom? Terwijl je slaapt ben je totaal ontspannen. Door elke keer als je slaapt je vingers bij elkaar te houden maken je hersenen onbewust een koppeling tussen ontspanning en je drie vingers die je bijeen houdt. Als je je overdag zenuwachtig maakt breng dan je drie vingers bij elkaar en houd ze een aantal minuten zo. Als je dan ook nog zorgt voor een langzame en diepe buikademhaling en tegen jezelf zegt dat je rustig en ontspannen bent, zul je merken dat je je na een paar minuten al kalmer voelt.

Het is fijn om te weten dat je deze rustgevende steun altijd bij je hebt. Als je een paar keer hebt gemerkt dat het helpt, zul je ook zien dat je zelfvertrouwen groeit en dat je minder vaak zenuwachtig bent. Je gaat steeds meer vertrouwen krijgen in jezelf!

Affirmaties

'Ik ben rustig en ontspannen, alles is goed.'

'Ik ben vol zelfvertrouwen en daar geniet ik van.'

Een nieuwe dag
Elke dag is een cadeau

Zelf vind ik het prettig om elke ochtend bewust te beginnen door de intentie uit te spreken: 'Vandaag is een cadeau, een nieuw begin, ik geniet ervan!'
De wijze waarop je 's ochtends wakker wordt is al het begin van de manier waarop je nieuwe dag zal verlopen. Hoe word jij 's ochtends gewekt? Met een loeiende sirene? Ben je nog moe omdat je niet de tijd hebt gehad om voldoende uit te rusten? Ik weet dat we het allemaal druk hebben, maar het is echt belangrijk om voldoende nachtrust te krijgen. Je herstelt 's nachts niet alleen lichamelijk maar ook geestelijk. We houden het wel een korte tijd uit met minder nachtrust, maar uiteindelijk heeft het echt invloed op je humeur en de manier waarop je functioneert.
Word je wakker met het nieuws? Tegenwoordig is het nieuws niet bepaald iets om vrolijk van te worden! Zet liever de wekkerradio op rustige muziek zodat je zenuwgestel even bij kan komen voordat je aan de dag begint.
Als je net wakker bent staat je onderbewuste open en neemt affirmaties gemakkelijk op. Neem de tijd om je affirmatie een paar keer tegen jezelf te zeggen en om ervan te genieten.
Als je 's ochtends in de spiegel kijkt zeg dan tegen jezelf: 'Goedemorgen! Vandaag maak ik er een fijne, gezellige dag van.' Alleen al door dit uit te spreken word je blij!

• Hoe begin jij je dagen? Rustig en ontspannen? Kijk kritisch naar de wijze waarop jij 's ochtends wakker wordt en verzin manieren om dit prettiger te maken.

Affirmaties

'Ik begin mijn dagen fit en ontspannen.'

'Ik maak van vandaag een mooie, gezellige dag.'

Je bent een prachtige vrouw

Iedereen kan er mooi en stralend uitzien. Het maakt niet uit wat je kledingmaat is of hoe je er nu uitziet. Schoonheid is een innerlijke houding. Deze kun je positief stimuleren door extra voor jezelf te zorgen. Als je niet helemaal lekker in je vel zit of je vindt jezelf niet mooi, dan is het juist belangrijk om extra aandacht aan je uiterlijk te besteden.

Douche zo vaak als je wilt. Douchen ontspant je lichaam en je geest! Als je een bad hebt, maak de tijd voor jezelf vrij om erin te gaan liggen en ervan te genieten. Doe een heerlijke geur in bad of koop een lekker ruikende douche-gel.

Zeg tegen jezelf dat je het waard bent om voor jezelf te zorgen en om te genieten. Gebruik bodylotion en wrijf die op je hele lichaam. Niet snel! Ik ken genoeg vrouwen die geen bodylotion gebruiken omdat het teveel tijd kost. Of ze smeren het op hun lichaam alsof ze de badkuip aan het boenen zijn. Juist door je lichaam te strelen en te verzorgen krijg je méér zelfvertrouwen. Je wordt trots op jezelf.

Ga naar de kapper en laat je haar in een ander model knippen. Een kleine verandering doet al wonderen. Probeer eens een andere kapper, die kent je niet en heeft misschien leuke ideeën voor een nieuw kapsel dat beter bij je nieuwe image past.

Ook een bezoek aan de schoonheidsspecialiste doet wonderen. Het is ontspannend en ze kan je tips geven voor make-up waardoor je nog meer gaat stralen.

Je kunt je ook laten opmaken bij een drogist of in een bekend warenhuis. Doe ideeën op, laat je zien, ga stralen en de wereld zal naar je lachen! Je mag er zijn!
Bij de meeste schoonheidsspecialisten kun je tegenwoordig een kleuren- en stijl-analyse laten maken. Vaak hebben wij de neiging om dezelfde kleuren en kledingstukken uit gewoonte te dragen. Dat is jammer, want verandering van kleur en stijl brengt ook verandering in je gemoedstoestand. Als je weet welke kleuren jou het beste staan kun je juist je uitstraling nog meer accentueren.
Een kleurenanalyse is vaak een investering, maar mijn ervaring is dat je die er snel uithaalt, omdat je dan minder vaak kleding koopt waar je niet helemaal tevreden mee bent.
Nieuw lingerie doet ook wonderen! Het lijkt misschien alsof je lingerie niet gezien wordt maar het straalt door alles heen.
Gebruik je nagellak? Lak je teennagels, ook al is het hartje winter. Je zult het verschil voelen!
Alleen al door prachtige lingerie te dragen en je nagels te lakken voel je je anders!
Speel met je uiterlijk. Maak er een feest van!

Affirmaties

'Ik straal, ik ben prachtig.'
'Ik zorg goed voor mezelf want dat ben ik waard.'
'Ik mag gezien worden.'

Koninginnedag

Op Koninginnedag ben ik altijd blij en voel me ook extra feestelijk. Koninginnedag zie ik niet alleen als een dag om feest te vieren voor de verjaardag van onze koningin, maar ook als een feestdag voor de koningin in mezelf.
Iedere vrouw heeft een koningin in zich, maar wij zijn het contact met haar maar al te vaak verloren. Wij hebben in Nederland geboft met onze koningin. Koningin Beatrix bewonder ik. Zij is een moderne vrouw van deze tijd, héél waardig en zeer liefdevol. Als je je ooit afvraagt hoe je het beste de koningin in jezelf kunt vieren, kijk dan naar koningin Beatrix. Hoe zou zij zich gedragen op een feestje? Hoe gaat zij met mensen om? En ook zeer belangrijk: hoe laat zij zich behandelen? Misschien denk je: ja, maar zij is de koningin, zij krijgt vanzelf respect. Toch is dat niet zo. Zij heeft een krachtige houding die vanzelf op een zeer prettige manier beleefdheid en respect afdwingt.
Stel je het volgende voor: een vriendin van koningin Beatrix geeft haar een compliment over de prachtige jurk die zij aan heeft. Dan reageert onze koningin niet zoals de meeste vrouwen met: 'Ach ja, een koopje, die heb ik al jaren.' Of: 'Vind je? Gekocht op de markt.'
Koningin Beatrix gaat ervan uit dat dat wat zij aan heeft prachtig is en reageert op een compliment met: 'Dank u!' Onze koningin is geen mode-pop, zij verzorgt zich goed, straalt zelfvertrouwen uit en doet wat haar te doen staat.

Ook zij heeft een leven, met alles wat erbij komt kijken en zij heeft het mijns inziens niet gemakkelijk. Toch is en blijft zij een koningin.
Neem je voor je een week lang te gedragen als een koningin in jouw leven, want dat ben je! Als je je afvraagt hoe dat ongeveer eruit ziet, denk dan aan koningin Beatrix en je zult snel het antwoord weten.
Laat elke dag koninginnedag zijn! Veel plezier!!

Affirmaties

'Ik ben in contact met de koningin in mezelf.'
'Ik straal waardigheid en kracht uit.'

De slanke lijn

Sommige vrouwen voeren bijna hun hele leven een strijd met hun lijn. Ze gaan op een dieet, vallen soms tientallen kilo's af om vervolgens na een aantal maanden of jaren weer op hun oude, voor hun gevoel té zware gewicht, te komen. Het bekende jo-jo effect. Wat is er toch aan de hand met al dat lijnen? Waarom lukt het de een wel en de ander niet om slank te zijn of slank te blijven?
Om te beginnen is het belangrijk om reëel te zijn. Ben je echt té dik of voel je je te dik in vergelijking met vriendinnen en de foto's die je ziet in damesbladen? De een heeft nu eenmaal een wat forsere bouw dan de ander. Een maatje meer kan héél mooi zijn!
Waarom wil je afvallen? Voor je gezondheid? Omdat je je niet meer lekker voelt in je kleding? Omdat je jezelf echt niet mooi vindt? Als je zeker weet dat je wilt afvallen en waarom, dan zal het je lukken!
Als je ervoor kiest om te lijnen, laat dan niet meer het accent liggen op wat je wel of niet mag eten. Eigenlijk zou je om te beginnen helemaal niet bezig moeten zijn met je voeding maar met je emoties. Misschien klinkt dit vreemd, maar het is mijn ervaring dat vrouwen vanzelf afvallen als ze gelukkiger zijn met zichzelf en lekker in hun vel zitten. Hiermee wil ik beslist niet suggereren dat je ongelukkig bent als je wat zwaarder weegt, maar onze emoties en eetpatronen spelen een belangrijke rol bij een slanke lijn.

Ik ben ervan overtuigd dat wat wij eten het symbool is van veel meer dan alleen ons lichaam voeden. Sommige mensen gaan bijvoorbeeld juist snoepen als er spanningen zijn. Anderen eten minder, en vallen af. Ook eten wij voor de gezelligheid of als er iets te vieren valt of uit verveling en eenzaamheid. Eten is dus eigenlijk verbonden met onze emoties en de manier waarop wij hebben geleerd hiermee om te gaan.
Let de komende tijd niet op wat je eet of hoeveel, maar wanneer. Probeer er dan achter te komen hoe je je op dat moment voelt.

• Houd een maand lang een dagboek bij waarin je noteert wanneer je eet en waar je trek in hebt. Richt je aandacht op je emoties.
Als je er achter bent wanneer je zwakke momenten zijn op een dag, probeer die dan voor te zijn. Vier uur 's middags is vaak een kritiek tijdstip voor veel vrouwen. We zijn dan moe en moeten nog zoveel doen, of we komen net uit ons werk en eten spanningen weg. Op dat moment heb je het nodig om wat te eten. Gun jezelf dan ook iets lekkers maar realiseer je dat je verlangt naar rust en wat meer energie. Iets lekkers is op dat moment ook een beloning voor je inzet op zo'n zware dag.
Misschien kun je na je werk gaan sporten. Daar krijg je juist energie van en je werkt spanningen op een prettige manier weg. Een ander zwak moment is meestal een paar dagen voordat je ongesteld moet worden. Wees dan niet zo streng voor jezelf. Het leven en je gevoelens zijn in die dagen toch allemaal anders dan anders. Hiertegen vechten heeft weinig zin. Dat maakt het alleen nog maar moeilijker!
Minderen met eten of een streng dieet volgen geeft

dus onvoldoende resultaat voor een blijvend gewichtsverlies. Er moet een vervanging komen ter compensatie van dat wat het eten je anders zou geven. Zoek een bezigheid die je energie geeft op het moment dat je moe bent. Als je je verdriet weg-eet probeer dan je emoties te uiten door erover te praten, of misschien past het beter bij jou om te schrijven. Door te schrijven worden emoties geuit en verwerkt. Ze krijgen een plekje, waardoor ze niet meer zo'n grip op je hebben.

Eet je uit verveling of eenzaamheid? Hoe moeilijk de eerste stap ook is, ga eruit! Zoek een hobby die bij je past. Heus, er zijn vele verschillende activiteiten om uit te kiezen. Probeer dingen uit. Als iets niet bij je past, zoek dan wat anders. Blijf net zolang zoeken totdat je mensen en activiteiten hebt gevonden die je leuk vindt. Ze zijn er! Maak van je leven een experiment. In het begin is er altijd een drempel. Stap eroverheen. Je bent plezier en gezelligheid waard!

Je eetpatroon en het soort voedsel dat je lekker vindt zullen veranderen naarmate je op een nieuwe manier met je emoties omgaat. Je zult langzaam maar zeker merken dat gezond eten lekker eten wordt. Dan heb je de strijd met je lijn voor altijd gewonnen!
Mocht je toch nog een extra steuntje nodig hebben om een aantal kilo's kwijt te raken, dan is er een eenvoudige oefening die werkt.
Elke keer dat je wilt gaan snoepen of trek hebt in iets dat niet bepaald lijnvriendelijk is, doe dan wat je van plan bent te eten op een bord. Ook al gaat het om een zak drop. Je mag ervan genieten. Voor deze oefening moet je er wel bij gaan zitten.

Kijk naar alle drop op je bord en stel jezelf de volgende vraag: 'Draagt dit bij tot die prachtige, stralende vrouw die ik ben?' Als je niet vindt dat je al een prachtige vrouw bent, verander de vraag dan in: 'Draagt dit bij tot de prachtige energieke vrouw die ik wil zijn?' Kijk goed naar het eten en eet er vervolgens van wat je wilt. Al snel zul je merken dat je er geen trek in hebt.
Veel vrouwen zijn door het doen van deze oefening vele kilo's afgevallen. Als dat ook jouw wens is, ga ervoor. Begin vandaag. Je kunt het!

Ondersteunende affirmaties

'Ik geniet van gezonde voeding, ik ben slank.'
'Ik ben een prachtige vrouw, ik ben stralend en daar geniet ik van.'
'Ik kan alles wat ik wil, ik ben trots op mezelf.'
'Ik uit mijn emoties op een positieve manier.'
'Ik weet wat ik wil en dat doe ik ook.'

Druk, druk, druk

Je zult wel denken: dit kost allemaal véél tijd en dat is juist mijn probleem, ik heb geen tijd! Ik heb het druk. Waar moet ik de tijd vandaan halen om dit er nog allemaal bij te doen? Geen nood!
Het niet hebben van voldoende tijd begint zo langzamerhand volksziekte nummer één te worden. Dit probleem is voor de meeste mensen heel herkenbaar.
Er zijn veel trainingen op het gebied van time-management. Eigenlijk is de rode draad van al die cursussen: schrappen. Ja, afspraken en verplichtingen schrappen en veel meer delegeren.
Waarschijnlijk denk je onmiddellijk: dat kan bij mij niet. Als je meer tijd en rust voor jezelf wilt creëren, dan is dit toch de enige oplossing. Het probleem is alleen dat dat het nu juist is waar wij vrouwen veel moeite mee hebben: met het afzeggen van afspraken en verplichtingen en het delegeren. Wij doen de dingen liever zelf 'even' gauw, dan weten we zeker dat het goed gebeurt. En ach, zelf doen is vaak sneller en gemakkelijker dan uit handen geven. Wij voelen ons ook erg verantwoordelijk voor alles en iedereen om ons heen, waardoor wij de neiging hebben veel naar ons toe te trekken en teveel hooi op onze vork te nemen.
Hoe kun je toch tijd creëren in een hectisch leven vol verplichtingen die nu eenmaal wél moeten gebeuren?
Begin met een lijst te maken van alle activiteiten die je doet op één dag. Bestudeer je lijst kritisch.

Wat moet door jou gedaan worden en wat kunnen anderen doen? Maak een lijst met prioriteiten. Ook is het belangrijk op je lijst die dingen te vermelden die je energie geven. Het is niet de bedoeling dingen te schrappen die je leuk vindt! Ze geven je juist energie en je wordt er blij van, dus blijf ze doen!
Bestudeer je lijst met activiteiten kritisch. Wat zou efficiënter kunnen gebeuren? Wat zou je uit handen willen geven en aan wie?
Vaak hebben wij ten aanzien van onze dagindeling oogkleppen voor. Wij zien echt niet hoe het anders kan. Door je lijst van activiteiten en prioriteiten te bespreken met een vriendin of je man krijg je andere ideeën over de indeling van je dagelijkse bezigheden. Misschien kunnen zij je tips geven omdat zij als buitenstaander er anders naar kunnen kijken.
Als er bepaalde verplichtingen zijn die je doet omdat je nu eenmaal 'ja' hebt gezegd, ga dan na of het niet tijd wordt om die op te zeggen. Regelmatig hoor ik van vrouwen dat ze veel op de school van hun kinderen doen omdat er niemand anders voor is. Ze zijn bang dat als zij afspraken afzeggen het niet meer zal gebeuren en dat de kinderen hiervan de dupe worden. Ben jij ook huiverig voor het afzeggen van afspraken? Zeg toch nee, als je van bepaalde verplichtingen geen energie meer krijgt. Heus, er komt wel een andere oplossing! Wij zijn niet onmisbaar, ook al voelt het vaak wel zo.

• Houd een week lang een dagboek bij van hoe jouw dagen er uitzien. Wat doe je op een dag? Zijn er dingen die je liever uit handen zou willen geven? Wie doet precies wat in de huishouding? Ben jij degene die snel even nog dit of dat op je neemt omdat je dan zeker weet dat het goed gebeurt? Is het gemakkelijker voor je om bepaalde dingen zelf te doen dan ze uit handen te geven? Schrap om te beginnen één activiteit, hoe klein ook, en kijk wat er gebeurt. Als je eenmaal hebt geoefend in schrappen en delegeren is het makkelijker dan je denkt!

Affirmaties

'Ik kan goed delegeren, en dat geeft mij rust.'
'Ik laat gemakkelijk los.'
'Ik kom goed voor mezelf op en dat maakt mij en anderen blij.'
'Ik deel mijn verantwoordelijkheden met anderen.'

De schoonheid van het woordje 'nee'

Tijd vrijmaken en delegeren gaan hand in hand met 'nee' zeggen en opkomen voor jezelf.
Het woordje 'nee' is een van de moeilijkste woorden voor een vrouw om te zeggen. Wij zijn niet gewend om voor onszelf op te komen en verzinnen liever allerlei uitwegen en smoezen dan eerlijk te zijn in wat wij wel en niet willen en belangrijk vinden. Op den duur zijn wij vaak zelfs het contact verloren met wat voor ons belangrijk is. Wij weten het niet meer.

Wat doet toch dat woordje 'nee' met onze emoties? Waarom is opkomen voor onszelf soms zó moeilijk?
'Nee' uitspreken roept bij de meeste vrouwen zoveel angsten op dat wij liever iets doen tegen onze zin dan te zeggen waar het op staat. De consequenties wegen kennelijk héél zwaar!
Waar zijn wij toch zo angstig voor? Wij zijn bang voor de boosheid van anderen. Wij kunnen ons daar niet tegen beschermen. Dat hebben wij ook niet geleerd. We willen niet afgewezen worden en proberen daarom alles zo perfect mogelijk te doen, vaak ten koste van onszelf. Of het gaat om werk, onze familie of vrienden, we willen overal en voor iedereen alles goed doen. Daar komt nog eens bij dat we niemand willen teleurstellen of kwetsen! Als je dit rijtje zo zwart op wit ziet dan begrijp je

vanzelf waarom het zo moeilijk is om onze grenzen aan te geven.
In de praktijk blijkt de angst groter te zijn dan de realiteit. Omdat mensen voelen dat wij bang zijn voor afwijzing en alles zo goed mogelijk willen doen, zijn wij manipuleerbaar. Als je zelf vindt dat het de gewoonste zaak van de wereld is om je wensen en verlangens te uiten, dan zullen anderen dat ook vinden. Ze hebben er zelfs respect voor!
De manier waarop is ook belangrijk. Als het ons een keer echt te veel wordt, komt het er meestal zó scherp en heftig uit dat mensen schrikken en reageren met: 'Dat ben ik van jou niet gewend.' Ook wij schrikken van onze heftige emoties. Meestal klappen wij dan helemaal dicht en zijn terug bij af.
Regelmatig zeggen wat je dwars zit kan dit soort uitvallen voorkomen. Maar hoe zeg je dan wat je dwars zit zonder anderen te kwetsen en zonder allerlei uitwegen en smoezen te verzinnen? Hoe geef je je grenzen op een prettige manier aan? Eigenlijk is het simpel. Ik noem het praten vanuit je hart.
Maak contact met je emoties. Wat is er aan de hand? Wat voel je? Waar verlang je naar? Waar ben je bang voor? Als je dit vertelt aan de personen waar het om gaat, dan krijgen zij de kans om zich in te leven in jouw gevoelens. Er komt wederzijds begrip. Het is dan nog maar zelden dat er afwijzing en ruzie op volgen. Meestal zijn mensen blij om te horen wat je bezighoudt. Ook geeft het hun de kans om te zeggen hoe zij zich werkelijk voelen!
Op je werk kun je dit ook doen zonder emotioneel te worden. Zet alles voor jezelf op een rij. Maak schema's. Zet de dingen helder op papier. Hierdoor voorkom je mis-communicatie. Het is het proberen waard! De eerste keer eerlijk zeggen wat je op je hart hebt is een beetje wennen, maar al snel zul je

merken dat mensen juist meer respect voor je krijgen!

• Schrijf bij een moeilijke situatie op wat je voelt, waar je naar verlangt en waar je bang voor bent. Vertel dit rustig aan de persoon waar het om gaat. Praat vanuit je hart. Hierdoor komt er begrip en acceptatie. Je kunt ook altijd op gebeurtenissen terugkomen!

Affirmaties
'Het is veilig voor mij om mijn grenzen aan te geven.' 'Mensen houden van mij om wie ik ben en dat geeft mij rust.'
'Ik kom op een positieve manier voor mezelf op en dat maakt mij en anderen blij.'
'Mijn wensen en verlangens worden gerespecteerd.'
'Ik mag er zijn precies zoals ik ben.'

Schuldgevoelens

Als je jezelf zover hebt gekregen dat je je grenzen aangeeft, kan het volgende probleem op de loer liggen: heftige schuldgevoelens. Hier kun je je bijna ziek onder voelen.
Schuldgevoelens kunnen alles wat je hebt gewonnen door 'nee' te zeggen weer helemaal tenietdoen en overschaduwen. Als je last hebt van schuldgevoelens is het erg moeilijk om te genieten van de tijd die je hebt gekregen door 'nee' te zeggen. Herkenbaar? Wat is er aan de hand? Eigenlijk is het onbewust de bedoeling dat je niet mag genieten. Je schuldig voelen is niets anders dan plaatsvervangende straf. Het is een mechanisme dat zichzelf als het ware automatisch inschakelt. Er is niemand anders die je straft en zegt: 'Dat had je anders moeten doen', dus doen we het onbewust maar zelf!
Schuldgevoelens kunnen heel hardnekkig zijn maar als je weet dat je door je schuldig te voelen alleen maar jezelf je vrijheid ontneemt wordt het gevoel al minder.
Besef goed dat je echt geen egoïst bent als je een keer op een prettige manier voor jezelf opkomt! Anderen zullen hier in het begin aan moeten wennen, blijf daarom wel praten en je emoties delen. Dit maakt het gemakkelijker voor anderen om je te kunnen begrijpen.

We tobben met z'n allen wat af! Eerst hebben we een hele gewetensstrijd om onze grenzen aan te geven en tijd voor onszelf vrij te maken. Als we dat hebben overwonnen, komen in alle heftigheid schuldgevoelens ons plagen. Houd vol. Dit gaat allemaal over. Het is een kwestie van oefenen. Vele vrouwen zijn je voorgegaan en beamen met mij dat je hier doorheen komt!

Affirmaties

'Ik mag genieten van mijn vrije tijd.'
'Het maakt mij en anderen gelukkig als ik duidelijk ben.'
'Het is veilig voor mij om mijn emoties te delen met anderen.'
'Ik mag genieten.'

Bewegen, een balsem voor lichaam en geest

Een van de eerste adviezen die ik geef aan vrouwen die zich in alle opzichten fitter willen voelen, is om te gaan sporten. Je hoeft geen topsportster te worden maar ga bewegen!
Bewegen heelt. Het is een balsem voor je lichaam en je ziel.
Je lichaam wordt door sporten mooier en steviger. Je ademhaling wordt dieper en voller. Je raakt allerlei afvalstoffen kwijt en je krijgt er energie van. Juist als je niet lekker in je vel zit of je depressief voelt, heb je geen zin om eruit te gaan, laat staan om mee te doen aan een fitnesstraining. Toch raad ik je aan om, hoe vervelend je je ook voelt, te zorgen dat je het liefst elke dag wat tijd vrijmaakt voor extra beweging. Ik weet het, ook dit kost weer tijd, maar het zal je veel energie en voldoening geven. Je zult merken dat je op een heel fijne manier alle spanningen die zich ophopen kwijtraakt en dat je eigenwaarde en zelfvertrouwen erdoor groeien.
Veel vrouwen willen sporten, maar vinden het moeilijk om iets te vinden dat bij hen past. Het heeft bij mij ook heel lang geduurd voordat ik erachter was wat ik leuk vond om te doen en dat ook in mijn schema paste. Het is uiteindelijk joggen geworden.
Ik raad dan ook iedereen aan om elke dag een paar kilometer te joggen. Niet schrikken, het valt allemaal wel mee! Ik jog elke dag ongeveer twee kilo-

meter. Op zich is dat helemaal niet veel. Het voordeel is dat je het kunt doen op een tijdstip dat jou uitkomt en je bent in de buitenlucht.
Joggen is voor mij een soort ritueel geworden. Na mijn ontbijt ga ik minstens een halfuur naar buiten, ook al regent het pijpenstelen. Het is heerlijk! Niet alleen het bewegen is fijn maar ook vind ik het heel mooi om elke ochtend bewust aan mijn dag te beginnen.
Joggen is eigenlijk meer sjokken, dus beslist niet hardlopen. Je hoeft er geen conditie voor te hebben. Je conditie wordt er juist langzaam maar zeker elke dag een beetje beter door. Sommige vrouwen die pas beginnen met joggen schamen zich voor hun slechte conditie. Ze hebben het gevoel dat iedereen naar hen kijkt als ze buiten aan het lopen zijn. Als je hier ook moeite mee hebt, neem dan een vriendin mee. Als het goed is kun je terwijl je aan het joggen bent ook nog gezellig met elkaar praten.
Voor mij is naast het joggen ook squash een uitkomst. Het geeft me energie. Sommige vrouwen houden van aerobics, anderen van tennis of badminton. Ga op onderzoek uit en vind een sport die bij je past. Doe beslist niet iets tegen je zin in want dat roept alleen maar nog meer spanningen op!
Stel dat je door lichamelijke klachten of andere omstandigheden niet kunt sporten. Probeer om hoe dan ook toch een manier van bewegen te vinden die bij je past. Ook daarin is de variatie groot: denk eens aan yoga, tai-chi of stretching. Zwemmen heb ik nog niet genoemd maar het is op allerlei manieren goed voor je gezondheid. Alle spieren worden bij zwemmen geoefend en het is erg goed voor je ademhaling. Als je steeds op hetzelfde tijdstip naar het zwembad gaat, ontmoet je mensen die net zoals jij bezig zijn hun conditie op te bouwen. In zwem-

baden kan het erg gezellig zijn. Wat let je om het toch een keer te proberen? Je zult versteld staan van de snelle resultaten! Ik wens je veel plezier!

• Ga naar verschillende sportverenigingen en neem een aantal proeflessen om erachter te komen welke sport het beste bij jou past.

Affirmaties

'Ik geniet van mijn lichaam, mijn lichaam is mooi.'
'Ik geniet van bewegen.'
'Ik uit mijn emoties op een positieve manier en dat geeft mij rust.'

Het belang van een juiste ademhaling

Via sporten kom ik vanzelf op het belang van een goede ademhaling. Je ademhaling is belangrijk voor je uithoudingsvermogen en innerlijke rust. Een diepe buikademhaling is het beste. Bij de meeste vrouwen zit de ademhaling te hoog, zij ademen alleen via hun borstkas in plaats van via hun buik. Hier kun je heel onrustig van worden en er zelfs van gaan hyperventileren. Alleen al door te letten op je buikademhaling word je rustiger. In het begin is het even oefenen om je ademhaling wat lager in je lichaam te krijgen, maar omdat het eigenlijk een natuurlijke manier van ademen is neemt je lichaam het vrij snel vanzelf weer op.
Hoe oefen je de buikademhaling? Leg je handen op je buik. Adem in door je neus naar je buik, waarbij je als het ware met je buikspieren en je adem je handen naar voren duwt. Dat wil dus zeggen: probeer van je buik een ballon te maken. Op de uitademing laat je los, waardoor je buik weer plat wordt. Adem vijf tellen in door je neus en acht tellen weer uit door je mond.
Een buikademhaling bevordert innerlijke rust. Het is onze natuurlijke ademhaling, maar door spanningen wordt zij vaak oppervlakkig. Probeer voordat je gaat slapen tien keer de buikademhaling te oefenen zodat je lichaam het in je slaap voortzet. Je zult er ook heerlijk rustig en diep door slapen!

Heb uzelf lief als uw naaste

Liefde, en ons verlangen ernaar, is een van de meest beschreven en bezongen onderwerpen van de hele wereld. Dat is ook geen wonder. Wij verlangen allemaal naar liefde. Liefde is onze grootste drijfveer. Ik heb het over liefde in de ruimste zin van het woord. Dus niet alleen over liefdesrelaties, maar over een gevoel van totaal welbevinden. Om liefde in je leven te kunnen ervaren is het zeer belangrijk jezelf liefde te kunnen geven. Regelmatig komen er vrouwen in mijn praktijk die liefde missen in hun leven. Soms zitten zij in een pijnlijke relatie. Soms hebben zij geen relatie. Als je verlangt naar meer liefde in je leven is de eerste en belangrijkste stap om het jezelf te geven. Wees lief voor jezelf!

Als je consequent volhoudt om liefdevol voor jezelf te zijn zal er veel in je leven veranderen. Je houding zal veranderen, waardoor je leven en de mensen met wie je omgaat automatisch mee zullen veranderen.

Jezelf liefhebben vormt de basis voor een gezond en gelukkig leven. Alleen door van jezelf te houden en respect te hebben voor je eigen wensen en verlangens kun je verwachten dat anderen ook respectvol en liefdevol met je omgaan.

De meesten van ons zijn opgevoed met het gezegde: heb uw naaste lief als uzelf. Het punt hierbij is dat in de loop van de tijd het accent kwam te liggen op onze naaste in plaats van op onszelf. De meeste vrouwen hebben de neiging om anderen meer aandacht en liefde te geven dan zichzelf. Zij raken hierdoor uit balans en worden er op den duur alleen maar uitgeput van. Je naaste liefhebben is goed maar het is niet goed als de weegschaal doorslaat naar jezelf opofferen en jezelf voorbijlopen voor een ander. Ik hoor je al denken: ja, maar straks worden wij allemaal egoïsten en dat is toch niet de bedoeling! Nee, egoïst worden is niet de bedoeling. Dat zal ook bij de meeste vrouwen niet gebeuren maar een stukje gezond egoïsme is wel op z'n plaats.

Hoe doe je dat dan, jezelf liefhebben? Let op de manier waarop je tegen jezelf praat. Ben je continu jezelf aan het bekritiseren? Wees in gedachten op z'n minst ondersteunend en vriendelijk tegen jezelf, in plaats van de hele tijd te zeggen dat je dingen niet kunt of dat je niet goed genoeg bent. Geef jezelf ook veel aandacht. Probeer te luisteren naar je innerlijke stem. Waar heb je behoefte aan? Wat doe je allemaal tegen je zin in? Neem de tijd om contact te maken met jouw wensen.

Als je een toverstok zou hebben, hoe zou je dan werkelijk willen dat je leven er uitziet? Wat doe je allemaal, en voor wie, waardoor je jezelf voorbijloopt? Zeg een keer nee als je ergens geen zin in hebt. Kies voor jezelf.

De volgende oefening kan je ondersteunen om weer contact te krijgen met je wensen en verlangens.

Zoek een foto op van toen je een klein meisje was. Plaats die foto op een plek waar je er regelmatig naar kunt kijken. Misschien heb je geen foto's van toen je klein was of doet het nog teveel pijn om naar foto's van vroeger te kijken. Zet in dat geval een mooie foto van jezelf zoals je nu bent neer.

Maak hoe dan ook opnieuw contact met het kleine meisje in jezelf. Vraag haar waar zij naar verlangt en geef het haar ook. Beloof haar trouw. Leg aan haar uit wat er voorlopig wel en niet gedaan moet worden en waarom. Breng verandering in die dingen die je wel kunt veranderen. Begin met kleine dingen. Een dagje vrij nemen helemaal voor jezelf. Datgene doen, wat je al zo lang door gebrek aan tijd hebt uitgesteld. Je zult merken dat het kleine kind weer vertrouwen in je zal krijgen. Als je dan een keer iets doet voor een ander, zul je het doen vanuit innerlijke rust en overvloed in plaats van gehaast en toch lichtelijk geïrriteerd. Je zult er blijer van worden en je omgeving uiteindelijk ook.
Alleen al door het doen van deze oefening zal er een wereld voor je opengaan. Geniet ervan!

• Hoe kun jij lief zijn voor jezelf? Waar heeft het kleine meisje in jou behoefte aan? Zet een foto van jezelf ergens waar je er vaak naar kunt kijken. Praat tegen haar en maak contact met waar zij behoefte aan heeft. Je zult het heerlijk vinden.

Affirmaties
'Ik geef mezelf liefde en aandacht.'
'Ik zorg goed voor mezelf en luister naar mijn innerlijke stem.'
'Ik ben in contact met waar ik naar verlang en dat doe ik ook.'

IK B.V.
Een vriendin die nogal zakelijk is ingesteld belde mij niet zo lang geleden op om te vertellen dat zij een nieuwe, zeer bijzondere onderneming had opgericht, namelijk IK B.V.
Ze zei: dat is mijn nieuwe bedrijf. Deze bv wordt

voorlopig mijn belangrijkste onderneming. Daar ga ik veel tijd en desnoods geld in investeren, want daar moet ik een succes van maken. Het is tenslotte mijn leven.

Niet lang daarna belde ze me weer om te zeggen dat het heel goed ging met haar nieuwe bedrijf. Het kostte haar wel veel meer geld dan ze had verwacht want ze was niet alleen naar de kapper en schoonheidsspecialiste geweest, maar ze had ook nog nieuwe kleren gekocht en zichzelf getrakteerd op een lichaamsmassage. Maar, zei ze, het is nog nooit zo goed met me gegaan. Mijn bedrijf floreert en je moet tenslotte wel investeren als je er een succes van wilt maken.

Richt ook je eigen IK B.V. op, in het kader van jezelf liefhebben. Het hoeft niet zoveel geld te kosten als die van mijn vriendin, als je maar in jezelf investeert voor een prettige toekomst. Vertel anderen wat je aan het doen bent. Heus, mensen vinden het fijn voor je als je geniet en tot je recht komt!

Affirmatie

'Ik geloof in mezelf en ik ben succesvol.'

Vriendinnen

Vriendinnen heb je nodig! Met vriendinnen praat je anders dan met je familie, man of kinderen. Vriendinnen kunnen uren met elkaar praten over van alles en nog wat. Zij begrijpen elkaar en geven elkaar daardoor veel warmte, liefde en steun. Vriendinnen verrijken je leven.

Regelmatig schrijf ik dat ik je aanraad om de oefeningen die in dit boek staan samen met een vriendin te doen. Maar misschien is dat nu juist je probleem. Je hebt geen of weinig vriendinnen en dat kan veel verdriet geven.

Het verbaast me keer op keer hoeveel prachtige vrouwen ik in mijn praktijk en op cursussen ontmoet die geen of weinig vriendinnen hebben om gezellige dingen mee te doen en om gewoon samen lekker mee te praten. Het zijn aardige, sociale vrouwen maar toch voelen zij zich eenzaam. Er is met hen niets mis, maar zij weten niet waar zij mensen kunnen ontmoeten die bij hen passen. Want daar ligt het probleem. Waar ontmoet je mensen die bij jou passen? Als je kleine kinderen hebt gaat het leggen van contacten met andere moeders vaak gemakkelijk. Via de kinderen of hun school is het mogelijk nieuwe mensen uit je buurt te ontmoeten. Als je geen kinderen hebt of je bent wat ouder, dan kan het moeilijk zijn om met gelijkgestemden in aanraking te komen.

Echte vriendinnen vinden die bij jou passen kost tijd en inspanning maar geef niet op! Realiseer je om te beginnen dat het niet aan jou als persoon ligt

dat je weinig contacten hebt, maar aan de omstandigheden.
Ga eropuit. Volg cursussen die je interesseren of zoek een of andere hobby. Het is wel belangrijk dat je dingen onderneemt die je leuk vindt om te doen! De vrienden komen dan vanzelf. Vrijwilligerswerk is ook een manier om nieuwe mensen te ontmoeten en het geeft veel voldoening om anderen te kunnen helpen. Ga sporten, het is gezond en ook een makkelijke manier om mensen te ontmoeten. Het is bij vriendschap belangrijk dat je gemeenschappelijke interesses hebt.
Maak kenbaar dat je graag nieuwe mensen wilt ontmoeten, ook bij familie en bestaande vrienden. Zij kennen je goed en weten wie bij je past. Schroom niet om een kennismakingsadvertentie te plaatsen in een tijdschrift dat je zelf regelmatig leest. Daar is niets mis mee! En lees eens wat nauwkeuriger de plaatselijke krant, want er staan vaak leuke dingen in om te doen.
Affirmeer dat je een leuke, interessante vrouw bent, want dat ben je ook! Als je iemand ontmoet die je aardig lijkt, nodig haar dan uit voor een kopje koffie of om iets anders te doen. Je hebt niets te verliezen. Iedereen die een uitnodiging krijgt om samen met jou iets te doen voelt zich alleen maar vereerd. Er zijn mensen die bij jou passen. Maak contact met ze door jezelf te laten zien!

Affirmaties
'Ik ben magnetisch voor mensen die bij mij passen.'
'Ik heb fijne ondersteunende vriendschappen.'

Opruimen, daar knapt een mens van op!

Je omgeving is een weerspiegeling van hoe je je van binnen voelt. Als het chaotisch is in je gedachten is er meestal chaos om je heen.
Heb je het gevoel dat je in gedachten steeds maar aan het malen bent en nergens toe komt? Vaak blijven we in cirkels rond denken en redeneren. Het kan dan zo moeilijk zijn om je gedachten op orde te krijgen. We tobben met z'n allen wat af! Als je je gedachten op een rij wilt krijgen maar je weet niet waar te beginnen, of het lukt je gewoon niet, schep dan orde in je omgeving. Ruim op! Door ordelijkheid te brengen in je leefomgeving schep je vanzelf orde en ruimte in je gedachten. Door actief bezig te zijn heb je afleiding en bovendien brengt het je weleens op nieuwe ideeën. Je komt tot andere inzichten.

Sommige vrouwen kunnen heel veel moeite hebben met opruimen. Als je het erg vindt om dingen die toch nog goed zijn, maar die je allang niet meer gebruikt, weg te gooien geef ze dan aan een goed doel. Door ze weg te geven maak je ruimte voor het nieuwe. Schep letterlijk en figuurlijk ruimte in je leven. Laat alles stromen. Affirmeer dat je goed bent in loslaten. Juist door in je fysieke wereld te oefenen met opruimen en voorwerpen los te laten, zul je het makkelijker vinden om geestelijk ook opruiming te houden en dingen los te laten.

Als je echt zoveel moeite hebt met orde op zaken te stellen dat alleen al het idee je bijna verlamt, vraag dan iemand om hulp. Opruimen kan heel gezellig zijn als je het samen doet.
Vroeger deden vrouwen in het voorjaar de grote schoonmaak. Wij vinden dat nu ouderwets maar het was zinvol. Het was meer dan alleen een noodzakelijke schoonmaak, het was ook een innerlijk ritueel. Alles, maar dan ook werkelijk alles ging van z'n plaats en kreeg een zogenoemde beurt. Dingen werden gereinigd en opnieuw geordend. Niet alleen in huis maar ook geestelijk werd er opgeruimd. De grote schoonmaak was net als het voorjaar: het symbool van een nieuw begin.

Er is tegenwoordig zelfs een professioneel beroep dat organizer wordt genoemd. Deze mensen hebben een opleiding gedaan die speciaal gericht is op het zo efficiënt mogelijk ordenen en opruimen van alles: in huis, inclusief de administratie, maar ook voor bedrijven. Er zijn kennelijk zoveel mensen die door de bomen het bos niet meer kunnen zien dat dit een gat in de markt is. Denk dus niet dat jij de enige bent die moeite heeft met opruimen.

• Maak je omgeving prettig om in te zijn. Schoon en opgeruimd, en je gedachten en leven zullen vanzelf volgen!

• Noteer alle zaken in huis die je graag zou willen opruimen. Maak vervolgens een planning om beetje bij beetje hierin orde te brengen. Je planning moet wel reëel zijn. Zelfs elke dag een halfuur eraan werken geeft uiteindelijk resultaat. Het is dan te overzien en je zult er zelf ook gegarandeerd van opknappen!

Affirmaties

'Ik ruim met plezier op.'

'Mijn leven is geordend en daar geniet ik van.'

Mensen zijn je spiegel

Ik geloof dat wij hier op aarde zijn om innerlijk te groeien. Wij groeien en ontwikkelen ons in contact met anderen. Door onze ervaringen leren wij onszelf kennen. Juist door het gedrag van anderen en onze reactie erop leren wij wie wij zijn en wat onze normen en waarden zijn. Wij groeien. Iedereen die je ontmoet helpt je in dit proces. Als je naar mensen en ervaringen in je leven kunt kijken als groeikansen, als lessen, wordt het leven een leuk spel. Mensen worden je spiegel. Door hun gedrag en jouw reactie erop leer je jezelf kennen. Je leert je sterke kanten kennen en ook die kanten bij jezelf die aansterking kunnen gebruiken. In dit proces begin je de regisseur te worden van je eigen levensverhaal.

Ken Jezelf.
Je kunt zoveel meemaken in je leven dat je het contact met jezelf kwijtraakt. Je weet niet meer wie je bent of waar je zin in hebt. Dat kan veel verdriet doen. Als ik je nu zou vragen om een lijst te maken met positieve karaktereigenschappen van jezelf, zou je het waarschijnlijk zo direct niet weten.
Wie ben jij? Als je het contact met jezelf kwijt bent is het moeilijk om evenwichtig in het leven te staan. Je kunt dan ook verkeerde keuzen maken, bijvoorbeeld in je liefdesleven of in je werk. Om je evenwichtig te voelen is het dus belangrijk dat je voor jezelf weet wie je eigenlijk bent en om op een natuurlijke manier jezelf te kunnen zijn.

Er is een leuke oefening die je op een prettige manier laat kennismaken met jezelf.
Schrijf op een groot stuk papier de namen van alle mensen die je om een bepaalde reden bewondert. Het gaat bij deze oefening niet om de totale persoonlijkheid van die mensen, maar om welke karaktereigenschappen je aantrekkelijk vindt. Je kunt ook een lijst maken van de gevoelens die bepaalde muziek bij je oproept. Hetzelfde kun je ook doen met boeken, toneelvoorstellingen of films.

Ik zal een voorbeeld geven.
Oprah Winfrey: positief, doorzettingsvermogen, krachtig.
Muziek van Elvis Presley: emotioneel, romantisch.
De buurman: rustig onder alle omstandigheden.
Vriendin Clara: open, spontaan, liefdevol.
Maak op deze manier je eigen lijst en maak haar zo lang mogelijk. Als je het gevoel hebt dat je klaar bent, schrap dan alle namen. Je houdt nu een lijst over met karaktereigenschappen. Gefeliciteerd! Aangenaam kennis te maken, want wat daar staat ben jij. De mensen op je lijst spiegelen je. Ze laten je contact maken met jezelf.
Nu denk je waarschijnlijk: nee, dat ben ik niet. Dat zijn kwaliteiten waar ik naar verlang maar zo voel ik me nu niet.
Het kan zijn dat je lijst je enigszins verbaast. Toch heb jij alle kwaliteiten die daar worden genoemd in je. Misschien heb je door omstandigheden het contact ermee verloren, maar dat ben jij echt.
Kijk regelmatig naar deze lijst. Hang haar ergens op waar je haar vaak ziet. Wees trots op jezelf. Door hiermee bezig te zijn maak je weer contact met wie je werkelijk bent. Je gaat stralen en je komt ook weer in evenwicht.

- Maak affirmaties op de punten van je lijst die je graag aangesterkt zou willen hebben en zeg ze regelmatig.

Leerpunten

Alle vrouwen kunnen direct zeggen wat ze niet goed vinden aan zichzelf en wat ze zouden willen veranderen. Het is best goed om je zwakke punten te kennen. Alleen, je raakt helemaal uit balans als je daartegenover je sterke kanten niet kent of toont, of als je de gewoonte hebt om je sterke punten uit bescheidenheid niet naar voren te brengen. Breng weer evenwicht in je leven door je zwakke punten aan te sterken en door te laten zien wie je bent. Wees trots op jezelf, je mag er zijn! Affirmeer hiervoor dat je een prachtige, krachtige vrouw bent die laat zien wie zij is.
We zullen eens gaan kijken naar je zwakke kanten en hoe je die weer kunt aansterken.
Je krijgt inzicht in jezelf door je omgang met anderen. Mensen zijn je spiegel. Zij laten je zien en voelen waar je in je leven nog versterking kunt gebruiken. Hun gedrag roept allerlei emoties in je op waar je veel van kunt leren.

Maak een lijst van alle mensen of omstandigheden waar je je aan ergert of die je pijnlijk vindt. Maak je lijst zo lang mogelijk. Hoe heftiger de ergernis, des te meer je ervan kunt leren. Geniet van het maken van je ergernissenlijst.

Ik geef enkele voorbeelden die vaak ter sprake komen tijdens mijn trainingen.
Schoonzusje: praat onafgebroken op verjaardagsfeestjes.

Echtgenoot: laat alles achter zich aan slingeren.
Collega: neemt alle succes voor haar rekening.
Vage kennis: is een egoïst.

Schrap nu de namen weg van de mensen die jou irriteren. Je houdt een lijst over van negatieve eigenschappen van anderen.
Deze negatieve eigenschappen zijn jouw leerpunten.
Teken op een stuk papier een horizontale lijn.
Schrijf aan het ene uiteinde van de lijn de eerste negatieve eigenschap van je lijst op. In mijn voorbeeld is dat onafgebroken praten.
Tegenover iemand die onafgebroken praat staat iemand die onvoldoende het woord neemt. Aan de andere kant van de horizontale lijn komt dus te staan weinig praten. De horizontale lijn kun je zien als een weegschaal met aan de uiteinden extremen. Als de één weinig praat en weinig ruimte voor zichzelf inneemt, kan de ander automatisch veel praten.
In mijn voorbeeld moet degene die zich ergert aan haar schoonzusje, die zoveel praat, dus leren om zelf wat vaker het woord te nemen. Het is niet de bedoeling dat zij net zoveel gaat praten als haar schoonzusje, maar de ergernis ontstaat als je bij jezelf gedrag onderdrukt dat iemand anders overmatig toont.
Als iemand je irriteert, kijk dan goed naar zijn of haar gedrag. Schrijf op wat je precies ergert. Wat zij teveel doen, doe jij te weinig. Op dit punt kun je dus wat van ze leren.
Door ons eigen gedrag houden wij vaak situaties in stand. Als wij ons gedrag wijzigen verandert automatisch als reactie hierop het gedrag van de ander. De balans wordt hersteld.

Ergernissen zijn altijd geheel wederzijds. Als jij je ergert aan iemand, dan ergert die persoon zich evenredig aan jou. Dit komt omdat je beiden veel van elkaar kunt leren.
In de situatie van de echtgenoot die alles achter zich aan laat slingeren, is er dus een vrouw die perfectioniste is en alles steeds maar opruimt. Zij heeft van haar man te leren wat meer los te laten in het dagelijks leven. Zij zal zich dan minder ergeren aan zijn slordigheid. Hij daarentegen heeft van haar te leren wat meer gestructureerd te zijn.

Op het werk waar de collega alle successen voor haar rekening neemt, moet degene die zich daaraan ergert, zichzelf wat meer naar voren schuiven.
Een egoïst is iemand die helemaal ingenomen is met zichzelf. Het is iemand die eigenlijk totaal en helemaal voor zichzelf gaat. En wat hij ons leert is dat wij er ook best mogen zijn en voor onszelf mogen opkomen!

• Schrijf zoveel mogelijk ergernissen op met de daaruit voortvloeiende leerpunten.
Maak voor alle leerpunten een affirmatie en geniet ervan dat je nu zelf steeds meer invloed hebt op je leven.

Omgaan met irritaties in je relatie

Gedurende de dag ergeren wij ons allemaal weleens aan elkaar, maar soms kunnen irritaties en ruzies de pan uitrijzen. Je hebt jezelf dan niet meer in de hand, zegt dingen waar je later spijt van hebt, of je haalt het hele verleden erbij, zodat je binnen de kortste keren niet eens meer weet waar het ook alweer allemaal om begon. Het kan gebeuren dat je in je relatie met je man of kinderen zelfs op een punt komt waar je meer gefocust bent op alle ergernissen dan op de dingen die je prettig vindt. Misschien ben je zelfs zo ver dat je je begint af te vragen waarom je ook alweer verliefd was. Geen nood. Hiervoor is er een heel fijne oefening die weinig tijd in beslag neemt en gegarandeerd succes heeft.

Spreek met je man en eventueel ook je kinderen af om deze oefening elke avond te doen op ongeveer hetzelfde tijdstip, bijvoorbeeld na het avondeten.

De oefening is als volgt: schrijf alle ergernissen in de loop van de dag op, en waarom ze je zoveel doen. Je zegt er niets over op dat moment. Aan het einde van de dag heb je waarschijnlijk meerdere irritaties op je lijst, maar je kiest de belangrijkste er uit. Die onthoud je. Gedurende de dag gebeuren er natuurlijk ook altijd fijne dingen. Misschien zie je ze niet zo snel meer, maar heus, ze zijn er wel. De prettige dingen schrijf je ook op. Aan het einde van de dag kies je hieruit de twee belangrijkste.

Na het eten vertel je aan elkaar eerst één irritatie en vervolgens twee complimenten van die dag. Ook al erger je je al dertig jaar aan dopjes van de tandpasta die blijven liggen, je zegt dat je je er vandaag aan hebt geërgerd en waarom. Daarna vertel je de twee complimenten. Op zowel de irritaties als de twee complimenten mag niet gereageerd worden. Je spreekt allemaal om de beurt je ergernissen en complimenten uit en gaat vervolgens gewoon verder met dat wat je wilt doen.

Het voordeel van deze oefening is dat je je ergernissen uitspreekt zonder gelijk in een ruziesfeer te belanden. Een ander, zeer belangrijk voordeel, is dat je gedurende de dag weer je aandacht richt op al die dingen die je nog blij maken. Zo kom je weer in liefde en begrip tot elkaar.

Ik ken vele echtparen en gezinnen die deze oefening hebben gedaan en zij waren er allemaal heel erg blij mee. Zelfs kinderen vanaf vier jaar vinden het heerlijk om dit te doen. Ook zij willen een kans hebben om in een veilige sfeer hun emoties te uiten.

De eerste keer is het even wennen, maar de vruchten zijn van onschatbare waarde!

Complimenten zijn cadeautjes

In het vorige hoofdstuk heb ik het gehad over het omgaan met irritaties. Misschien lijkt het in het begin wat vreemd, maar juist door je ergernissen naar elkaar in een veilige sfeer te uiten kom je weer in contact met je gevoelens van liefde. Ergernissen en boosheid kunnen een heel dikke muur vormen tussen jou en je familie en vrienden.
Als ergernissen en boosheid worden ingeslikt omwille van de lieve vrede, heb je misschien geen laaiende ruzie in huis, maar op den duur vervlakken uiteindelijk alle emoties. Ook de passie in je relatie verdwijnt. Waarom? Omdat het moeilijk is om in contact te komen met je gevoelens van liefde als er een dikke laag boosheid zit. In de liefde is het belangrijk dat je er helemaal mag zijn zoals je bent.
Wij vinden het erg moeilijk om ergernissen uit te spreken, uit angst voor afwijzing. Aan de andere kant hebben wij ook moeite met het ontvangen van complimenten, hoewel wij er wel enorm van opfleuren.
Let maar op hoe je vriendinnen reageren als je hun een compliment geeft. Zeg tegen een vriendin: 'Wat heb je een mooie blouse aan!' Waarschijnlijk antwoordt ze dan met: 'Vind je?' Of: 'Ik heb haar al jaren, het was een koopje.' We halen complimenten naar beneden, alsof we ze niet verdienen! Dat doen we uit een soort valse bescheidenheid. We reageren op deze manier omdat wij ons eigen-

lijk geen raad weten met complimenten. We willen bescheiden zijn, maar in onze bescheidenheid ontvangen we een cadeautje in de vorm van een compliment niet. Nog erger, we slaan het af.
Complimenten zijn cadeautjes, ze zijn zomaar een teken van liefde. Als mensen je een compliment geven en te horen krijgen dat het eigenlijk niet waar is, dan zullen ze de tweede en de derde keer misschien wel denken dat je er mooi uitziet maar het niet meer zo snel zeggen. Uiteindelijk is het wel een afwijzing als je zegt dat de blouse oud is of dat je kapsel toch echt niet zo zit zoals jij het hebben wilt!
Als mensen tegen jou zeggen dat je er mooi uitziet of een prachtige glimlach hebt: geniet. Zeg dankjewel. De kans bestaat dat ze dan vaker positieve dingen tegen je zullen zeggen. Het klinkt misschien allemaal niet zo spontaan, maar als je het een paar keer oefent, dan gaat het vanzelf.
Begin opnieuw naar mensen te kijken en zeg het als er iets is dat je opvalt en dat je mooi vindt aan ze. Ook je echtgenoot en kinderen gaan stralen van een lief compliment. Natuurlijk weten ze dat je van hen houdt en heel blij met ze bent, maar ze willen het toch af en toe graag horen.
Een kleine lieve opmerking kan jouw dag en de dag van de ander opvrolijken. Schroom niet, zeg wat je denkt, en ook al moeten mensen er in het begin aan wennen, ze zullen er zeker van genieten!

Affirmaties

'Ik geef en ontvang complimenten en dat maakt mij blij.'
'Ik zie het positieve in de ander en dat maakt me gelukkig.'

• Ontvang vanaf nu alle complimenten die je krijgt met liefde. Zeg dankjewel als iemand iets aardigs tegen je zegt.

Emoties uiten

Er zijn vijf verschillende niveaus in onze emoties:
1. boosheid, schuld en verwijt
2. pijn, verdriet en teleurstelling
3. angst en onveiligheid
4. spijt en verantwoordelijkheid
5. liefde, wensen, begrip en vergeving.

Vaak hebben wij in relaties de neiging om ons slechts op één van deze niveaus te uiten. Sommige mensen zijn bijvoorbeeld goed in het uiten van hun boosheid maar vertellen niet over hun dieper liggende angsten. Andere mensen kunnen juist hun pijn en verdriet uiten, zij huilen gemakkelijk, maar vinden het moeilijk om hun woede te uiten.
De meeste communicatieproblemen ontstaan doordat wij slechts een deel van de waarheid of onze gevoelens tot uiting brengen en niet alles. Met andere woorden, wij uiten ons niet op alle vijf gevoelsniveaus.

Als je ruzie dreigt te krijgen met je partner of er is iets dat jullie nog dwars zit omdat het niet helemaal is uitgepraat, kan de volgende oefening snel inzicht en begrip geven.

Ga tegenover elkaar zitten, zodat je elkaar goed kunt aankijken. Bepaal, wie als eerste de oefening gaat doen. Zet een kookwekker neer en stel deze in op vijf minuten. Degene die aan de beurt is begint met zijn/haar emoties te uiten door de volgende zin steeds te herhalen: 'Wat mij boos maakt in onze relatie is ...' Dit doe je vijf minuten lang. Houd je niet in. Zeg echt alles wat je dwars zit. Als je niets meer te zeggen hebt ga je herhalen, net zolang totdat de wekker afgaat en dan begin je aan het volgende niveau namelijk: 'Wat mij pijn doet in onze relatie is ...' Ook deze zin herhaal je vijf minuten lang waarbij je zegt wat je pijn doet. Pas als de wekker afgaat ga ja naar het volgende niveau om te vertellen over je angsten. Zo vertel je ook over waar je spijt van hebt en je eindigt met het uiten van jouw liefde.

Het voordeel van deze oefening is dat zij zeer gestructureerd is. Terwijl je bezig bent is het niet de bedoeling dat je op elkaar reageert. Juist door het reageren slaat de vlam in de pan. Je luistert niet meer naar elkaar en weet al heel snel niet eens meer waar het ook alweer om begon. Door deze oefening krijg je allebei ongestoord de mogelijkheid om je helemaal te uiten. Houd je dus niet in!
Het geeft rust en enige ontspanning om alles ongestoord te kunnen zeggen wat je dwars zit. Ten slotte kom je hierdoor vanzelf weer terug bij gevoelens van liefde. Het is erg belangrijk dat je allebei de hele oefening doet. Het gebeurt vaak dat als één van de partners aan het eind gekomen is, er al zoveel opluchting is dat je het gevoel hebt te kunnen stoppen. Het is belangrijk dat je allebei de kans krijgt om te vertellen wat een situatie met je doet, dus maak het wel allebei af.

Vaak hoor ik van vrouwen dat hun man dit toch niet zal doen. De reden die ze hiervoor aangeven is dat hij zich niet makkelijk kan uiten. Mijn ervaring is dat het niet kunnen praten van mannen wel meevalt! Ze krijgen door deze oefening juist een kans!

Probeer het eens. Je zult er versteld van staan hoe snel je weer begrip voor elkaar krijgt. Het is echt het proberen waard!

Stel dat je nog met zoveel emoties zit naar iemand toe, maar die persoon wil jou niet spreken. Uit toch je emoties door ze op te schrijven. Dit geeft ook al enige opluchting.
Een andere manier om elkaar beter te kunnen begrijpen is om een keer een rollenspel te spelen. Verwissel van rol en leef je helemaal in in je partner. Jullie zullen allebei waarschijnlijk enorm moeten lachen en het geeft zoveel inzicht en begrip!
Onthoud hierbij wel altijd dat de emoties van iemand anders goed zijn! Iedereen heeft het recht om te voelen wat hij of zij voelt.

Affirmaties
'Het is veilig voor mij om mijn emoties te uiten.'
'Wij begrijpen elkaar en gaan respectvol met elkaar om.'

De schoonheid van boosheid

We voelen ons allemaal weleens boos of zelfs woedend. Eigenlijk zijn dit gevoelens die ons in bescherming nemen tegen de dreigende gevaren van de buitenwereld. Als je kwaad bent stijgt de hoeveelheid adrenaline in je lichaam. Je hartslag neemt toe, je ademhaling is sneller en heftiger, je bent in een staat van uiterste alertheid. Vroeger konden we dan ook handelen: óf we vluchtten óf we gingen in de aanval. Tegenwoordig kan dat in die vorm niet meer. Vluchten gaat nog wel door weg te lopen, of te doen alsof we niets voelen, maar in de aanval gaan is sociaal niet meer acceptabel.
We worden boos, de hoeveelheid adrenaline in ons lichaam stijgt nog steeds, maar we houden ons in.
We zijn zeer beschaafd en zeggen heel vaak zelfs niet eens wat we op ons hart hebben. We tellen tot tien zoals ons geleerd is, en slikken onze emoties in. We durven heel vaak niet te zeggen dat we boos of gekwetst zijn, want we zijn bang voor de reacties van anderen. Dit heeft slechts ogenschijnlijk voordelen. We houden ons in, er komt geen ruzie, maar het gaat wel ten koste van onszelf en ook ten koste van onze relatie met de ander. Ik raad je niet aan om als je kwaad bent er gelijk op los te slaan, maar het is wel van belang om je te uiten, anders houd je adrenaline en alle energie in je lichaam vast. Uiteindelijk kan dat depressieve gevoelens veroorzaken, of je krijgt andere lichamelijke kwalen.

Begin met je voor te nemen om je emoties te uiten. Heel veel vrouwen durven niet voor zichzelf op te komen uit angst voor de reactie van de ander en uit de gewoonte om zichzelf weg te cijferen. Begin met de affirmatie: 'Ik kom goed voor mezelf op en dat maakt mij en anderen blij!' Ja, dat zal je verbazen, maar als jij op een prettige, positieve manier voor jezelf opkomt maakt dat uiteindelijk anderen ook blij. Mensen weten dan veel beter waar ze aan toe zijn en jij houdt je niet in. Je inhouden houd je ook maar een bepaalde tijd vol en dan komt er toch meestal wel een uitbarsting waar iedereen, inclusief jijzelf, ontzettend van schrikt, want zo ben jij toch niet!

We zijn niet gewend om ons te uiten. Soms kom je pas uren later tot het besef dat iemand iets heeft gezegd dat je kwetst of waar je het niet mee eens bent. Kom erop terug. Leg uit hoe je je voelt. Als je dit regelmatig doet, groeit je eigenwaarde en krijg je innerlijk meer rust.

Hoe kun je dan je boosheid uiten op een manier die sociaal acceptabel is?
Er is een oefening die in het begin vreemd lijkt maar direct opluchting geeft. Ik noem het aapje. Ga ergens staan waar niemand je kan zien of storen, het kan zelfs op het toilet. Ga voorover hangen met je knieën licht gebogen. Je hangt als het ware als een aap voorover. Schud nu heen en weer met je hele lichaam. Schud letterlijk en figuurlijk alles van je af. Doe je mond wijd open en maak geluiden die je opluchten. Gooi het er allemaal uit! Ik garandeer je dat, als je dit eventjes doet, je er waarschijnlijk om gaat lachen. Je wordt ontspannen en het kan zelfs gebeuren dat je niet eens meer weet waar je

zo kwaad om was. Kinderen vinden 'aapje' heerlijk om te spelen. Ze begrijpen ook direct hoe je je voelt!

Soms geeft 'aapje' onvoldoende opluchting en dan raad ik je aan om een heftiger aanpak te kiezen. De mattenklopper doet wonderen. Sla ermee op een kussen, net zo lang totdat je helemaal op bent. Soms ga je hiervan huilen, dat is alleen maar goed. Het lucht heerlijk op! Als slaan je niet aanspreekt doe het dan ook niet. Zoek een manier om je te uiten die bij jou past. Brieven schrijven waarin je helemaal zegt waar het op staat, ook al verstuur je ze niet, lucht ook heel erg op en helpt je om de dingen op een rij te zetten en te relativeren. Je raakt je boosheid op een positieve manier kwijt.

Nadat je 'aapje' hebt gedaan of je op een andere manier hebt geuit, is het ook veel makkelijker om rustig over de situatie te praten.

En nu kom ik terug bij de titel van dit hoofdstuk, namelijk de schoonheid van boosheid. De energie die vrijkomt als je kwaad bent is eigenlijk een prachtige energie. Als je haar gebruikt om op een prettige manier voor jezelf op te komen, stijgen je eigenwaarde en zelfvertrouwen. Je krijgt respect voor jezelf, waardoor mensen je ook met meer respect gaan behandelen. Boosheid is een zeer krachtige energie. In plaats van die energie binnen te houden kun je haar op allerlei positieve manieren uiten. Ga sporten, wandelen of fietsen. Maak een prachtig schilderij of ga desnoods je huis in een sneltreinvaart opruimen. De energie van je boosheid wordt dan omgezet van destructief en naar binnen gekeerd naar positief en naar buiten gericht.

Affirmaties

'Ik mag er helemaal zijn, precies zoals ik ben.'

'Ik uit mijn emoties op een positieve manier en dat wordt gewaardeerd.'

Creativiteit

Als je creatief bezig bent komt er scheppende energie vrij. Dit is een prachtige energie. Terwijl je bezig bent, vergeet je de wereld om je heen. Je gedachten zijn alleen maar gericht op dat wat je aan het doen bent en je kunt uren doorgaan. Het lijkt dan ook alsof de tijd even stilstaat. Creativiteit laat energie door je heen stromen, een energie die blijheid en voldoening geeft.

Als je kwaad bent, en je kunt je kwaadheid uiten in creativiteit, zul je versteld staan van de opluchting, maar ook de schoonheid van wat je hebt gemaakt! Creativiteit is een van de beste manieren om je te uiten. Maak er daarom de tijd voor vrij.

Het is verbazingwekkend hoe vaak ik van vrouwen hoor dat zij het leuk zouden vinden om iets creatiefs te doen maar dat ze er geen tijd voor hebben. Of soms vinden zij dat ze onvoldoende talent hebben. Besluit nu meteen dat je je creatief gaat uiten! De inspiratie zal dan vanzelf komen. Maak ruimte in huis, een plek voor jezelf waar je dingen kunt laten liggen en rustig kunt zitten om iets voor jezelf te doen. En weet dat je het kunt! Affirmeer dat je heel erg creatief bent en je creativiteit naar buiten laat stromen.

Creativiteit kun je uiten op vele manieren: schilderen, boetseren, schrijven, dansen, brood bakken, toneelspelen, bloemschikken, fotograferen, tuinieren en nog heel veel meer. Zeg niet tegen jezelf 'dat kan ik niet', maar probeer iets waarvan je denkt dat het leuk zal zijn. Je moet er wel plezier in hebben!

Tegenwoordig worden er heel veel verschillende cursussen aangeboden waardoor je de kans krijgt om allerlei technieken te oefenen en iets te zoeken dat bij je past. Als je een cursus volgt is het ook een prettige manier om nieuwe mensen te ontmoeten. Ga naar de open dagen van instellingen die cursussen geven, en laat je inlichten over de vele mogelijkheden. Maak er de tijd voor vrij! Je zult versteld staan van de energie die je erdoor krijgt.

Affirmaties

'Ik uit mij op een creatieve manier en dat maakt mij trots.'

'Ik ben creatief en dat geeft mij een vrij gevoel.'

Tobben

Wij kunnen met z'n allen heel wat aftobben! Soms kan het zelfs zo erg zijn dat je er niet van kunt slapen. Tobben is eigenlijk een waarschuwingssignaal. Als je veel tobt, laat je waarschijnlijk nog te vaak toe dat anderen je grenzen overschrijden. Probeer dus, als je veel tobt, toch meer voor jezelf op te komen. Je zult merken dat het malen van je gedachten dan afneemt. Het kan zijn dat je zoveel met je gedachten aan het malen bent dat je je overal zorgen om maakt. Tobben en je zorgen maken over van alles en nog wat beheerst dan je hele leven. Schaf in dit geval een 'tob-schrift' aan. Al je zorgen schrijf je op in je schrift. Maak tijd in je leven voor een 'tob-halfuur'. Verplicht jezelf om in dat halfuur schriftelijk te tobben zoveel als je maar wilt. Schrijf al je zorgen op, hoe absurd ze ook lijken. Het lucht op! Als je in de loop van de dag merkt dat je weer begint te tobben, zeg dan tegen jezelf: ik laat los. Straks is het verplicht een halfuur tobben. Het voordeel van deze oefening is dat je leert om overdag je malende gedachten los te laten. Verplicht je zorgen en gedachten opschrijven geeft ruimte voor nieuwe inzichten. Als je het een tijd vol kunt houden om gedachten overdag los te laten en in je schrift gestructureerd te tobben word je baas over je eigen gedachtenwereld. Je gedachten worden vanzelf rustiger!

Affirmatie

'Mijn gedachten zijn rustig, alles is goed.'

De magie van het woordje 'oh'

Spreken is zilver, zwijgen is goud. Maar zwijgen valt ons gewoonlijk erg moeilijk. Wij zijn allemaal zo netjes opgevoed dat we automatisch antwoord geven als ons iets gezegd of gevraagd wordt. We staan er zelfs niet eens bij stil dat we de vrijheid hebben om een vraag wel of niet te beantwoorden. Geen antwoord geven wordt gezien als zeer onbeleefd.

Het woordje 'oh' kan een reddende engel zijn. Wat kan het woordje 'oh' voor je betekenen? Het is eigenlijk heel simpel: als je een vraag niet wilt beantwoorden dan zeg je simpelweg 'oh'.

Het klinkt misschien een beetje vreemd als je het zo zegt, maar in de praktijk kan het ruzies en irritaties voorkomen. Zeker als er ruzie dreigt, want dan is alles wat je zegt toch per definitie verkeerd. Houd het dan maar op iets neutraals als 'oh'.

Een van de vrouwen op mijn training had veel last van het gebabbel en tegensputteren van haar kleine kinderen rond etenstijd. Ze kwamen dan in de keuken en legden haarfijn uit waarom ze juist dat niet lustten wat hun moeder aan het koken was. Zij had dan de neiging om hierop in te gaan, wat dan weer hele discussies ten gevolge had. Ze ontdekte hoe prettig het was om gewoonweg 'oh' te zeggen in plaats van uitgebreid in te gaan op het commentaar van haar kinderen. Het gesprek doofde vanzelf.

Het woordje 'oh' redt je dus van hele discussies waar je vaak toch niet uitkomt.
Het is het proberen waard, want het beschermt je tegen wat ik noem 'pluggen'. Pluggen is zoiets als een stekker in een stopcontact doen, de één zegt A, de ander zegt B en je hebt voordat je het weet de poppen aan het dansen. Vergeet niet dat actie altijd reactie oproept, totdat je ervoor kiest om niet meer aan het spel mee te doen. Reageren is een keuze.
Oefen een tijdje met niet reageren, het zal een hoop rust brengen!

Affirmaties

'Ik heb recht op mijn mening en dat is goed.'

'Dingen lossen zich vanzelf op en dat geeft mij rust.'

Vrijen, een goddelijk geschenk

Vrijen is een geschenk. Vrijen geeft ons de mogelijkheid om in totale overgave een zeer hoog niveau van intimiteit te bereiken. Als het goed is kun je met je geliefde tijdens het vrijen zowel lichamelijk als geestelijk samensmelten. Vrijen kan goddelijk zijn, twee zielen smelten samen en komen tot één. Het geeft twee mensen de mogelijkheid om niet alleen geestelijk maar ook intens lichamelijk aan elkaar te laten zien en voelen dat zij van elkaar houden. Het moet wel de hoogste uiting van intimiteit zijn, want door het vrijen wordt nieuw leven geschapen. Het mooiste geschenk, een bekroning van liefde.

Veel vrouwen hebben helaas een worsteling met seksualiteit. Zeer regelmatig krijg ik op trainingen en in mijn praktijk te horen dat vrouwen geen of weinig zin hebben in seks. Meestal hebben zij zelf hier niet eens zoveel moeite mee maar hun man wel. Hij wil vaker dan zij is een veelgehoorde klacht. Vaak leggen wij ons hierbij neer. Mannen willen nu eenmaal vaker vrijen dan wij. Toch is het jammer dat wij dat doen. Ik ben er namelijk van overtuigd dat vrouwen net zo vaak willen vrijen als mannen maar dat wij niet hebben geleerd om te gaan met onze seksuele gevoelens. Nog erger, de meesten van ons zijn nog opgevoed met een groot taboe op seksualiteit.

Waarom gaat het toch vaak na verloop van tijd mis in ons seksleven? Waarom hebben wij geen zin meer om te vrijen als wij niet meer verliefd zijn en weer in de ban raken van dagelijkse beslommeringen?
Als wij verliefd zijn gaat vrijen meestal vanzelf omdat er verlangen is. Je wilt elkaar geestelijk en lichamelijk zo goed mogelijk leren kennen, je gaat letterlijk en figuurlijk in elkaar op. Door de spanning en opwinding van het nieuwe doe je beiden in alle opzichten je best. Zowel de man als de vrouw is aan het veroveren.
Vrouwen hebben de neiging om als zij verliefd zijn zich totaal op hun geliefde te richten, en dit is tevens het begin van de problemen.
Wij hebben als vrouw in het dagelijks leven, en zeker als wij verliefd zijn, de neiging om niet helemaal te zeggen waar wij naar verlangen of te laten zien wie wij zijn. Voor de lieve vrede zien wij kleine dingen over het hoofd. We denken dan: ach laat maar, het is maar een kleinigheid. Jammer, want dit is helaas het begin van het doven van de passie.
Een relatie is natuurlijk altijd een kwestie van geven en nemen, maar totale passie en overgave is pas mogelijk als je je beiden veilig voelt en er helemaal mag zijn zoals je bent met al je onzekerheden, eigenaardigheden en verlangens.
Ik heb het hier nog niet eens over je seksuele verlangens maar over de kleine dingen in het dagelijks leven. Als je niet regelmatig zegt wat je op je hart hebt bouw je automatisch een muur op tussen jou en hem. Er ontstaat afstand. Hoe kun je je helemaal lichamelijk en geestelijk geven en met je geliefde samensmelten als je overdag niet eens durft te zeggen wat je voelt?

Dus eigenlijk is de eerste stap naar een gelukkig liefdesleven: praten. Je emoties uiten en met elkaar delen.

Hier stuiten wij direct op een klein dilemma. Er is een verschil tussen de meeste mannen en vrouwen wanneer het gaat om het uiten van emoties. Voor vrouwen is het belangrijk dat alles helemaal wordt uitgediept en uitgepraat voordat zij kunnen vrijen. De sfeer moet voor hen rustig en ontspannen zijn. Mannen kunnen juist spanningen en emotionele barrières door het vrijen als het ware loslaten en overbruggen. Zij komen door het vrijen meer in contact met hun gevoelens. Vrouwen willen daarentegen dat werkelijk alles goed is voordat zij zich ontspannen genoeg voelen om te kunnen vrijen. Hier is dus een groot verschil tussen mannen en vrouwen. Wees je van dit verschil bewust. Een gulden middenweg vinden is mogelijk als je elkaars verschillen met betrekking tot seksualiteit begrijpt en respecteert. Belangrijk is dat je je grenzen in acht neemt.

Ook is er naar mijn mening nog een ander verschil tussen mannen en vrouwen met betrekking tot seksualiteit waardoor er vaak spanningen ontstaan. Dit is het verschil in beleven tussen seks en vrijen. Tot nu toe heb ik de woorden seks en vrijen door elkaar gebruikt maar er is naar mijn mening wat vrouwen betreft hierin een groot verschil.

Bij het hebben van seks ligt het accent veel meer op lichamelijk contact en bevrediging. Als je samen vrijt komt er een dimensie bij. Er is zowel een intens lichamelijke als geestelijke uitwisseling. Vrijen gaat veel dieper en brengt je veel dichter bij elkaar en de bron dan het hebben van seks.

Het is mijn ervaring dat juist vrouwen het hebben van seks af en toe oké vinden maar dat zij verlangen naar wat ik bij gebrek aan andere woorden vrijen noem; in totale liefde en overgave in elkaar opgaan. Mannen daarentegen vinden seks prettig en kunnen zich hierin uiten en tot ontspanning komen. Er is dus een verschil in verlangen tussen de meeste vrouwen en mannen. Mannen zijn over het algemeen tevreden met seks terwijl vrouwen méér willen, zij willen vrijen.

Weten dat er een verschil bestaat in het uiten van emoties tussen de meeste mannen en vrouwen kan veel verlichting geven. Alleen al door bewustwording en door goed met elkaar te blijven praten kom je dichter tot elkaar.

Besteed weer tijd aan je relatie! Als je verliefd bent gaat dit vanzelf. Je wilt samen zijn en elkaar leren kennen. Je hebt interesse voor elkaars belevenissen en emoties. Maak weer tijd vrij om dingen met elkaar te kunnen delen. Ook al heb je kinderen, zorg dat je af en toe samen bent. Zet de tv een keer uit. Ga een lang weekend samen weg. Investeer in jullie relatie. Dat deed je ook toen je verliefd was.

Uit je wensen en angsten op het gebied van seksualiteit. Experimenteer. Koop mooie lingerie. Maak van het samenzijn een romantisch feest. Af en toe seks is prettig maar leg aan hem uit waar jij naar verlangt. Je mag genieten van seksualiteit, het is een geschenk!

John Gray heeft een boek geschreven met als titel: *Mars en Venus in de slaapkamer*. Al zijn boeken zijn de moeite waard om te lezen als je je wilt verdiepen in de verschillende belevingswerelden tussen mannen en vrouwen.

Affirmaties

'Ik geniet van seksualiteit, en dat mag.'

'Vrijen geeft mij rust en ontspanning en dat maakt ons blij.'

'Ik kies voor liefde en romantiek in mijn leven.'

Liefde is vrij

Liefde is vrij. Als er onvoorwaardelijke liefde is, is er totale vrijheid. Alles is dan helemaal goed. Alles is heel, en er is ook niets meer om uit te werken.
Liefde is vrij, en woede maakt onvrij. Woede bindt als staal. Als je nog kwaad bent op iemand. dan ben je nog door een onzichtbare kracht met elkaar verbonden. Zo vrij als de liefde maakt, zo onvrij en bindend zijn boosheid en woede.
Regelmatig krijg ik van vrouwen te horen dat ze het zo ontzettend moeilijk vinden om iemand los te laten die hen eigenlijk in plaats van liefdevol juist vernederend en pijnlijk behandelt.
Hoe kan het dat wij het zo moeilijk vinden om mensen los te laten die ons vernederen en slecht zijn voor ons? Je zou toch zeggen dat je met gemak die mensen de rug zou moeten kunnen toekeren om er zelfs geen gedachte meer aan te besteden. Toch gaat het meestal niet zo. De reden hiervan is, dat boosheid, veroorzaakt door pijn en verdriet, juist mensen aan elkaar bindt. Hoe komt dit?
Wij zijn allemaal van oorsprong liefdevol en verlangen hiernaar terug. Dit geldt voor iedereen, dus ook voor degene die jou kwetst. Omdat wij liefdewezens zijn willen wij diep van binnen dat alles tussen ons en de wereld om ons heen goed is.
Wij willen en kunnen maar niet begrijpen of accepteren dat iemand ons anders dan liefdevol kan behandelen.
Wij vinden het moeilijk om met onafgemaakte zaken verder te leven. Het is vanuit ons verlangen

naar begrip en liefde dat wij steeds teruggaan naar mensen en situaties die in feite niet goed voor ons zijn.
De pijnlijke band tussen jou en iemand die niet goed voor je is verbreken kost heel veel inzet en vergeving. Realiseer je dat, ook al verlang je naar liefde, het soms juist liefdevol is om afstand te nemen van iemand en desnoods het contact te verbreken.
Vertrouw erop dat iedereen verlangt naar liefde, en dat mensen slechts vanuit hun eigen pijn en verdriet jou liefdeloos behandelen. Het is hun eigen pijn en onmacht die zij op jou projecteren! Neem jezelf in bescherming. Sommige mensen kunnen zich echt niet anders gedragen dan ze nu doen. Blijf niet naar ze teruggaan en naar ze verlangen vanuit de hoop dat het ooit anders zal worden.

Uit je woede, zo vaak en zoveel als nodig is. Neem jezelf in bescherming want daar heb je recht op, je bent het waard. Ga met mensen om die goed voor je zijn en bij je passen. Affirmeer dat je liefde waard bent en dat je kiest voor geluk en positiviteit in je leven. Uiteindelijk zal er liefde en vrijheid in je relaties komen!

Affirmaties
'Ik bescherm mezelf.'
'Ik kies voor liefde en waardering in mijn leven.'

Vergeven

Het is belangrijk om mensen die je pijn hebben gedaan toch te kunnen vergeven. Ik weet dat dit veel weerstand bij je kan oproepen. Iemand vergeven die jou zoveel verdriet heeft gedaan? Ja, vergeven is essentieel. Zolang je mensen niet kunt vergeven, blijf je in de rol van slachtoffer en blijf je met hen door je boosheid nog verbonden. Juist door iemand te vergeven maak je jezelf vrij. Je kunt dan weer verder met je leven. Je hebt de les geleerd en bent als het goed is sterker uit de strijd gekomen.
Vaak denken we dat vergeven bijna hetzelfde is als zeggen dat je het goed vond, of dat het over is en dat je het nu verder bent vergeten. Niets is minder waar. Vergeven is eigenlijk loslaten, waardoor de gebeurtenis je niet meer in zijn macht heeft. Vergeven is zeggen dat je begrijpt dat de ander heeft gehandeld naar zijn of haar inzichten en ontwikkelingsniveau op dat moment. Vergeven is ook dat je zegt: 'Ik neem nu de totale verantwoordelijkheid voor mijn leven.'

Hoe vergeef je mensen? Door te weten dat iedereen handelt naar zijn of haar vermogens gezien zijn inzichten op dat moment. Soms kan het helpen om je te verdiepen in de persoon. Als het om je ouders gaat probeer er dan achter te komen hoe hun jeugd was. Hebben zij vroeger liefde en warmte gekend? Hoe zijn zij door hun eigen ouders behandeld?
Welke les heb je van de situatie geleerd? In elke gebeurtenis zit een les. Misschien ben je krachtiger

geworden, of heb je meer voor jezelf leren opkomen. Door elke ervaring kun je groeien.
Vergeven begint door de intentie uit te spreken iemand te willen vergeven, hoe moeilijk het ook soms kan zijn.
Als mensen je pijn hebben gedaan toen je al volwassen was, probeer dan naar je eigen aandeel in de situatie te kijken. Hiermee bedoel ik niet dat je zelf schuldig bent, maar jouw gedrag staat gedrag van een ander toe. Neem verantwoordelijkheid voor je leven. De volgende affirmatie kan je hierbij veel steun geven: 'Ik neem vanaf nu de totale verantwoordelijkheid voor mijn leven en dat geeft mij kracht.'

Een mooie oefening om je te ondersteunen in het vergeven, is de volgende visualisatie. Ga op een rustige plaats zitten, waar je de volgende vijftien minuten niet gestoord kunt worden. Sluit je ogen. Ontspan je door je aandacht te richten op je ademhaling. Zorg dat je rustig ademt in je eigen tempo. Bij de inademing gaat je buik naar voren en op de uitademing wordt hij weer plat. Als je je rustig en ontspannen voelt ga in je gedachten naar een mooie plek in de natuur. Zie in gedachten de persoon die je pijn heeft gedaan. Kijk deze persoon aan, en leg uit wat je pijn doet. Doe vervolgens alle pijn en verdriet in de mand van een grote luchtballon. Je kunt ook de persoon in die mand doen. Steek het vuur van de ballon aan en laat zo de mand, met alles erin, opstijgen. Je ziet haar langzaam in de verte uit het gezicht verdwijnen. Haal nu heel diep adem en voel de opluchting. Nu kun jij tot jezelf en je dagelijkse leven terugkeren. Telkens wanneer je deze visualisatie doet, laat je pijn en verdriet los.
Langzaam maar zeker krijg je je vrijheid terug.

Affirmaties

'Ik neem nu de totale verantwoordelijkheid voor mijn leven en dat geeft mij kracht.'

'Ik voel me vrij om mijn leven te leven in vreugde, want dat ben ik waard.'

Je wordt altijd goddelijk geleid en beschermd

Hoe kun je omgaan met gebeurtenissen die zo pijnlijk en onrechtvaardig zijn en zó tegengesteld lijken aan God's liefde?
In ieders leven gebeuren er dingen waar affirmeren en alle andere tips die in dit boek staan onvoldoende hulp bieden. Affirmeren werkt tot een bepaalde grens. In ieders leven komt er een fase waarin je niet meer anders kunt dan je leven uit handen geven. Mocht je ooit dit punt bereiken, dan nodig ik je uit om die dingen die té zwaar voor je zijn uit handen te geven aan een liefdevolle kracht, die veel meer omvattend is dan wij ons ooit met onze beperkte inzichten zouden kunnen voorstellen.
Misschien ben je zó boos en teleurgesteld over wat jij in je leven te verwerken krijgt, dat je het gevoel hebt dat een liefhebbende God dit nooit zou toestaan. Toch geloof ik dat wij nooit alleen zijn en dat wij in onze donkerste dagen juist kracht en steun kunnen putten uit een oneindige bron van onvoorwaardelijke liefde.
Probeer te bidden. Deel je woede en zorgen. De manier waarop maakt niet zoveel uit maar vraag om inzicht en steun. Open je hart voor de mogelijkheid dat er veel meer bestaat tussen hemel en aarde dan wij ons ooit zouden kunnen voorstellen.
Geef die dingen die ondraaglijk zijn, uit handen. Vertrouwen en innerlijke rust zullen vanzelf komen.

Je wordt altijd goddelijk geleid en beschermd, ook al kan het soms in je leven voelen alsof het niet zo is.

Affirmaties
'Ik ben in contact met een oneindige bron van liefde.'
'Ik heb vertrouwen in het leven.'

Als dit onderwerp je aanspreekt, en je wilt er graag meer over lezen, dan kan ik je het boek geschreven door Betty J. Eadie, *Geleid door het Licht* aanraden. Betty Eadie heeft een bijna-doodervaring gehad. In haar boek beschrijft zij zo goed als zij het zich kan herinneren haar ervaringen in de tijd dat zij zweefde tussen hemel en aarde. Veel van onze vragen over leven en dood worden in haar boek beantwoord. Zelf heb ik door het lezen van dit boek veel innerlijke rust gekregen.

Heb vertrouwen

Hiermee ben je gekomen aan het einde van het boek *Praktische psychologie voor vrouwen.* Het boek is uit, je hebt het gelezen, maar nu begint pas het echte werk: doen!
Waarschijnlijk heb je het boek in één adem uitgelezen en was er naast veel herkenning ook veel nieuwe informatie. Als je het zo leest is het allemaal logisch en eigenlijk heel eenvoudig. Ermee aan de slag gaan, en alle tips die worden gegeven toepassen, wordt een ander verhaal. Iedere dag doen is heel wat anders dan erover lezen. Toch zul je merken dat alleen al door dit boek te lezen een proces bij je op gang is gebracht. Je zult merken dat je alert wordt op je gedachten en de manier waarop je in het leven staat.
Alle veranderingen komen in eerste instantie door bewustwording tot stand. Je bent dus nu al op weg naar het creëren van een leven zoals jij het wenst. Gefeliciteerd! De volgende stap is in rust en vertrouwen doorgaan.
Affirmeer zo vaak als je maar kunt, overal, de hele dag door. Begin met iets dat eenvoudig en prettig is voor je om te zeggen en houd vol! Ook al komt een stemmetje af en toe opzetten met allerlei twijfels, zet door! Weet dat je niet alleen bent in dit proces. Het is een spirituele wet: dat wat je uitzendt komt naar je terug. Zend liefde, begrip en mededogen naar jezelf en de wereld om je heen en zo zal de wereld zijn.
Ik wens je alle moois!

Lijst met ondersteunende affirmaties

Elke dag gaat het in alle opzichten beter met mij
Ik laat het verleden los in liefde en waardering
Ik kies voor liefde en mededogen in mijn leven
Alles is goed in mijn wereld
Ik ben een prachtige vrouw en dat straal ik uit
Ik weet wat ik wil en dat doe ik ook
Ik ben de moeite waard
Ik vier de koningin in mezelf, ik straal
Ik blaak van energie en doe het juiste voor een gezond lichaam en geest
Ik heb veel te vertellen en ben trots op mezelf
Ik ben vol zelfvertrouwen en daar geniet ik van
Ik sta in mijn kracht
Mensen houden van mij en kiezen voor mij
Ik neem de totale verantwoordelijkheid voor mijn leven en dat geeft mij kracht
Ik ben magnetisch voor het goede in het leven
De dingen die ik doe, doe ik rustig en ontspannen
Ik leef in het heden en geniet van het heden
Mijn gedachten zijn rustig en ontspannen
Ik geef mijn grenzen aan en dat wordt gewaardeerd
Ik ben een goede moeder, mijn kinderen voelen mijn liefde
Ik voel me rustig en ontspannen en geniet daarvan
Ik ben mooi en aantrekkelijk
Ik maak de voor mij juiste keuzen
Ik zeg nee als ik dat wil en dat maakt mij en anderen blij

Ik ben blij en trots op wie ik ben
Ik ben een prachtige seksuele, sensuele vrouw en dat straal ik uit
Ik uit mijn emoties op een positieve manier
Ik kan alles wat ik wil en dat doe ik ook
Ik accepteer en waardeer anderen precies zoals zij zijn
Ik geef mij over aan de stroom van het leven en dat geeft mij vertrouwen
Ik maak ruimte en tijd voor mezelf en dat geeft mij rust
Ik uit mij open en eerlijk en dat wordt gewaardeerd
Ik doe precies het juiste
Mijn relaties zijn liefdevol en respectvol
Ik laat gemakkelijk los
Iedereen is in wezen liefdevol
Ik voel me geliefd, gewaardeerd en gesteund
Ik doe mijn werk goed en dat wordt gezien en gewaardeerd
Ik mag er helemaal zijn zoals ik ben
Ik geef mezelf alle ruimte en daar geniet ik van
Ik ben uniek en daar ben ik trots op
Ik ben overal mezelf en dat maakt mij trots
Ik ben liefdevol en vredevol
Ik heb vertrouwen in de toekomst, voor mij wordt gezorgd.
Ik ben blij met wie ik ben
Ik ben altijd en overal veilig
Ik ben succesvol en hier geniet ik van
Mijn leven is een feest dat ik samen met anderen vier
Ik voel me altijd goddelijk geleid en beschermd
Ik ben dankbaar voor mijn leven

Literatuur

Bont, Carolina, *Een nieuwe werkelijkheid*, Kosmos, Utrecht 1993.
Chopra, Deepak, *De zeven spirituele wetten van succes*, Becht, Haarlem 1995.
Eadie, Betty, J., *Geleid door het licht*, Iris Oirschot, Oirschot.
Gray, John, *Mars en Venus in de slaapkamer*, Het Spectrum, Utrecht 1999.
Hastings, Julia, *Visualiseer je wensen*, De Zaak, Groningen 1994.
Hay, Louise, *Gedachten van innerlijke wijsheid*, Kosmos-Z&K, Utrecht 1998.
Hay, Louise, L., *Leef nu!* De Zaak, Groningen 1996.
Joudry, Patricia en Maurie Pressman, *Tweelingzielen, vind je ware spirituele partner*, Ankh-Hermes, Deventer 1997.
Patel, Mansukh en Rita Goswami, *Dansend tussen vreugde en verdriet*, Ankh-Hermes, Deventer 1999^7.
Stufkens, Hein, *In vrede leven*, Ankh-Hermes, Deventer 1999.

Informatie

Voor informatie over cursussen, consulten en lezingen kan contact worden opgenomen met

ReWin
Binnensingel 16
3134 NE Vlaardingen
010-2340963